MW01130998

Revisión para el examen de
Cosmetología estándar de Milady

INFORMACIÓN PARA EL LECTOR

El editor no avala o garantiza ninguno de los productos descritos en el presente ni realiza análisis independiente alguno respecto de la información del producto contenida en el presente. El editor no asume, y niega expresamente, cualquier obligación de obtener e incluir información distinta de la suministrada a éste por el fabricante.

Se advierte expresamente al lector considerar y adoptar todas las precauciones de seguridad indicadas por las actividades contenidas en el presente y evitar todos los peligros potenciales. Al seguir las instrucciones contenidas en el presente, el lector asume voluntariamente todos los riesgos relacionados con tales instrucciones.

El editor no formula declaraciones o garantías de naturaleza alguna, incluyendo sin limitación, las garantías de aptitud para un fin en particular o comerciabilidad y tales declaraciones no podrán ser inferidas respecto del material incluido en el presente; el editor no asume responsabilidad alguna respecto de dicho material. El editor no será responsable por los daños especiales, indirectos o ejemplares resultantes en forma total o parcial del uso de o fundamento en este material por parte del lector.

COPYRIGHT © 2004 de Milady, editorial Delmar, una división de Thomson Learning, Inc. Thomson Learning™ es una marca registrada usada con licencia.

Impreso en Canadá
2 3 4 5 6 7 8 9 10 XXX 06 05 04

Si desea más información, contacte con Delmar Learning,
5 Maxwell Drive,
Clifton Park, NY 12065

O encuéntrenos en Internet en http://www.milady.com

Todos los derechos reservados. Esta obra está protegida por los derechos de autor que la amparan y no podrá reproducirse o utilizarse de forma alguna ni por ningún medio, gráfico, electrónico o mecánico incluyendo el fotocopiado, grabado, almacenamiento en cinta, distribución en la Web o sistemas de almacenamiento y rescate de información, sin el permiso escrito del editor.

Para obtener permiso para utilizar material de este texto o producto, contáctenos en
Tel (800) 730-2214   Fax (800) 730-2215
www.thomsonrights.com

ISBN: 1–4018–1241–4
Library of Congress Catalog Card Number: 2002074216

Revisión para el examen de Cosmetología estándar de Milady

Editado por Elizabeth Tinsley

THOMSON

DELMAR LEARNING

Australia   Canadá   México   Singapur   España   Reino Unido   Estados Unidos

Prólogo

Revisión para el examen de Cosmetología estándar de Milady se ha reescrito para reflejar el tipo de preguntas que utilizan con más frecuencia las agencias regulatorias, bajo los auspicios del National-Interstate Council of State Boards of Cosmetology.

Este libro de revisión está diseñado para ser de gran utilidad para los estudiantes que se preparen para los diversos exámenes de licencia. Además, su uso regular en la clase será de gran ayuda en la comprensión de todos los temas enseñados en las escuelas de cosmetología, y necesarios en la práctica de esta profesión.

El uso exclusivo de preguntas de respuesta múltiple se debe a que éste es el tipo de pregunta que se utiliza en todos los exámenes necesarios para obtener la licencia teórica.

Las preguntas de los exámenes realizados en las diversas regiones no serán exactamente iguales a las que aparecen en el libro, y no tienen por qué cubrir toda la información que incluye esta revisión. No obstante, los estudiantes que estudien y practiquen diligentemente siguiendo las pautas enseñadas en clase, y que complementen esa preparación con esta revisión deberían obtener mejores resultados tanto en la clase como en los exámenes para la licencia.

Contenidos

Historia de la cosmetología

1. La palabra griega "kosmetikos" significa:
   a) diestro en el uso de los cosméticos
   b) capacitado en barbería
   c) diestro en el cuidado del cabello
   d) autorizado para ejercer la cosmetología

   A

2. El corte de cabello y la peluquería se practican desde:
   a) la edad glaciaria
   b) el Siglo de Oro de Grecia
   c) el Renacimiento
   d) la época medieval

   A

3. Las primeras personas que utilizaron cosméticos fueron los:
   a) mayas
   b) vikingos
   c) celtas
   d) egipcios

   D

4. El henna es una tintura que se extrae de:
   a) los pétalos de rosa
   b) cáscara de nuez
   c) cuerpos de insectos secos
   d) las hojas de un arbusto ornamental

   D

5. El cuidado de las uñas se practicó por primera vez antes del año 3000 A.C. en:
   a) Egipto y China
   b) Norte de Europa
   c) India
   d) Las Américas

   A

6. Las mujeres de la antigua Roma utilizaban el color del cabello para indicar:
   a) cuántos niños tenían
   b) su clase social
   c) el estado civil
   d) su religión

   B

7. Cuando el Papa Alejandro III prohibió a los monjes y sacerdotes derramar sangre, los alistó para colaborar con los:
   a) barberos
   b) granjeros
   c) sirvientes
   d) carpinteros

8. El poste del barbero, símbolo del barbero-cirujano, tiene sus orígenes en el antiguo procedimiento de:
   a) extraer dientes
   b) la sangría
   c) cortar el cabello
   d) la ventosa

9. En 1875 la técnica de utilizar hierros para ondular y rizar el cabello fue desarrollada por:
   a) Charles Nessler
   b) Marcel Grateau
   c) Alexandre Godefroy
   d) La Señora C. J. Walker

10. La primera técnica de ondulación permanente que no requirió el uso de máquinas fue inventada por:
    a) Evans y McDonough
    b) Charles Nessler
    c) Marcel Grateau
    d) Brisbois y Federmeyer

11. Un pionero importante de la industria moderna del cuidado del cabello y la cosmetología para la gente de color fue:
    a) Charles Nessler
    b) Sojourner Truth
    c) Marcel Grateau
    d) La Señora C. J. Walker

12. De un cosmetólogo de nivel inicial puede esperarse que realice una variedad de tareas, con excepción de:
    a) vender productos minoristas a los clientes
    b) actualizar los registros de los clientes
    c) pagar cuentas
    d) reservar citas

13. El primer trabajo que se le ofrece a un nuevo graduado en cosmetología es:
    a) especialista en coloración
    b) estilista de salón
    c) administrador de salón
    d) químico en cosmética

14. El cliente que desea un nuevo patrón de ondulación requerirá los servicios de un:
    a) técnico en cuidado de uñas
    b) especialista en servicios de textura
    c) especialista de plataforma
    d) esteticista

15. Trabajar con pacientes que padecen cáncer y que sufrieron la pérdida del cabello es una experiencia gratificante para un:
    a) especialista en coloración
    b) especialista en pelucas
    c) técnico en cuidado de uñas
    d) especialista en servicios de textura

    B

16. Un esteticista puede elegir entre varias posibilidades de empleo, incluyendo:
    a) terapeuta de masajes
    b) técnico en cuidado de uñas
    c) estilista de celebridades
    d) consultor para una compañía de cosméticos

    D

17. Para crear una nueva imagen para el cliente, el especialista en maquillaje:
    a) realiza una manicura
    b) utiliza cosméticos para combinar y matizar
    c) aplica mantas corporales (body wrap)
    d) brinda servicios de coloración del cabello

    B

18. Un spa de día ofrece al cliente:
    a) una amplia gama de servicios
    b) sólo terapia de masajes
    c) sólo servicios de estética
    d) sólo servicios de salud y nutrición

    A

19. Para resultar un administrador de salón exitoso, es importante poseer:
    a) sentido de los colores
    b) habilidades estilísticas
    c) talento creativo
    d) capacidad para supervisar personal

    d

20. Los instructores de productos que venden a los profesionales y propietarios de salones a menudo brindan:
    a) clases de conocimientos de productos
    b) técnicas de peluquería
    c) clases de química
    d) capacitación comercial

    A

21. Un equipo de diseño trabaja en conjunto para presentar:
    a) un nuevo diseño del salón
    b) temas regulatorios
    c) nuevos productos cosméticos
    d) exhibiciones de moda y pasarela

    d

22. La industria de los salones ha crecido tremendamente y
    anualmente obtiene ingresos por:
    a) $50 millones   c) $100 millones
    b) $50.000 millones   d) $1.000 millones

23. Los organismos regulatorios del gobierno se dedican a proveer:
    a) educación continua   c) publicaciones comerciales
    b) normas de la industria d) oportunidades laborales

24. Para desarrollar su profesión al máximo potencial, es importante:
    a) socializar con otros   c) estar siempre de acuerdo
       cosmetólogos   con su jefe
    b) continuar su educación d) encontrar su posición y
                                  conservarla

25. Se ha producido un gran crecimiento de los spa de día que
    ofrecen numerosos tratamientos especializados incluyendo
    todos los siguientes, con excepción de:
    a) tratamientos de botox   c) aromaterapia
    b) asesoramiento nutricional d) hidroterapia

4

Destrezas vitales

1. El conjunto de herramientas y pautas para una vida exitosa también se denomina:
   a) destrezas vitales
   b) priorizar
   c) administración de proyecto
   d) impulsos motivacionales _____

2. Desarrollar la autoestima es importante porque:
   a) le permite dilatar
   b) le asegura que siempre estará bien
   c) lo hace más importante
   d) es vital para lograr el éxito _____

3. Al generar un plan de acción está:
   a) siendo compulsivo
   b) planificando conscientemente su vida
   c) dilatando
   d) perdiendo el tiempo _____

4. Podemos lograr mayor control de nuestras actividades mentales cuando:
   a) dilatamos
   b) trabajamos muchas horas
   c) compartimentamos
   d) ejercemos la autocrítica _____

5. La motivación es un factor importante del aprendizaje y generalmente proviene de:
   a) el interés en el tema
   b) un proceso bien pensado
   c) una necesidad humana básica
   d) las directivas de los demás _____

6. Cuando sentimos amor y aceptación por nosotros mismos, satisfacemos:
   a) las necesidades emocionales
   b) las necesidades físicas
   c) las necesidades éticas
   d) las necesidades sociales _____

7. Mirar nuestro interior buscando nuevas formas de pensar
y actuar es un ejemplo de:
   a) autocrítica
   b) creatividad
   c) gestión del tiempo
   d) establecimiento de metas   _____

8. Escribir una declaración de objetivos ayuda a establecer:
   a) una mejor comunicación
   b) la comprensión de los demás
   c) los valores y metas
   d) buenas habilidades técnicas   _____

9. Si la meta parece abrumadora, puede manejarla
en forma constructiva:
   a) dividiéndola en metas
      de corto plazo
   b) cambiando su actitud
   c) reduciendo las metas
   d) dilatando   _____

10. Al practicar la gestión del tiempo, podemos utilizar una
variedad de métodos con excepción de:
   a) hacer pausas
   b) preparar cronogramas
   c) priorizar
   d) la dilación   _____

11. Una clave para organizar el tiempo, la lista de tareas, puede
ayudarlo a:
   a) priorizar tareas y actividades
   b) convertirse en un
      aprendiz sistemático
   c) agudizar las habilidades
      personales
   d) desarrollar la integridad   _____

12. Identificar su estilo de aprendizaje lo ayuda a:
   a) respetar a los demás
   b) ser puntual
   c) llevarse bien con los demás
   d) desarrollar hábitos de
      estudio adecuados   _____

13. Mantener la concentración en el estudio ayuda a:
   a) abordar primero la tarea
      más sencilla
   b) mantener en mente sus metas
   c) permitir distracciones
   d) no tomarse descanso hasta
      finalizar   _____

14. Los principios morales con los que vivimos y trabajamos son:
   a) la honestidad
   b) ética
   c) metas
   d) carácter   _____

15. El sentido de integridad le impediría:
    a) hablar muy alto
    b) autocriticarse
    c) robar clientes
    d) dilatar
    _____

16. El código de ética de la profesión de cosmetología fue establecido por:
    a) las direcciones estatales
    b) los salones individuales
    c) los clientes de los salones
    d) las escuelas de cosmetología _____

17. Las siguientes son todas características de buenas normas éticas con excepción de:
    a) la cooperación
    b) la honestidad
    c) la compasión
    d) la puntualidad
    _____

18. Una característica esencial para lograr ascender en el profesionalismo es:
    a) la crueldad
    b) el compromiso
    c) el perfeccionismo
    d) los buenos contactos
    _____

19. Su actitud es el reflejo de:
    a) una buena nutrición
    b) lo que cree y piensa
    c) sus habilidades de comunicación
    d) sus puntos fuertes
    _____

20. Una actitud saludable y satisfactoria incluye numerosas cualidades, con excepción de:
    a) la buena comunicación
    b) los valores y metas
    c) la discreción
    d) el perfeccionismo
    _____

21. La estabilidad emocional le permite:
    a) contener los sentimientos
    b) expresar las emociones adecuadamente
    c) manejar todas las situaciones
    d) encontrar su propio camino
    _____

22. Si comprendemos las necesidades y motivos de los demás podemos:
    a) estar mejor preparados para todo
    b) tomar mayor ventaja de los demás
    c) actuar más profesionalmente
    d) permanecer más aislados
    _____

23. Una manera eficaz de mantenerse calmado bajo el estrés es:
    a) contener los sentimientos
    b) automedicarse
    c) respirar profundo
    d) evitar la situación
    _____

24. El mejor método de tratar a clientes difíciles es estar de acuerdo con ellos y:

   a) llamar al administrador

   b) solicitar a otro estilista que se haga cargo

   c) ofrecerse para remediar la situación

   d) decirles que presenten una queja

   _____

25. Como cosmetólogo, se lo percibe como alguien que cuida de los demás, por eso es importante:

   a) cuidarse a sí mismo

   b) mezclar lo personal con lo profesional

   c) ignorar sus propias necesidades

   d) brindar asesoramiento personal

   _____

Su imagen profesional

1. Como cosmetólogo, su imagen profesional consiste en:
   a) las destrezas técnicas
   b) el buen aspecto
   c) la apariencia externa y la conducta
   d) el sentido del estilo _____

2. La antigua palabra inglesa "hal" significa:
   a) agujero
   b) casa
   c) salud
   d) entero _____

3. La clave para una vida feliz y productiva es:
   a) reprimir los malos sentimientos
   b) el ejercicio ocasional
   c) la última dieta
   d) lograr el equilibrio _____

4. Mantener la limpieza y salubridad diarias se denomina:
   a) sentido personal del estilo
   b) higiene personal
   c) vestirse para el éxito
   d) arreglo personal _____

5. Uno de los conceptos básicos de la higiene personal es:
   a) el ejercicio diario
   b) respetar el código de vestimenta
   c) el baño diario
   d) usar perfume _____

6. El órgano más grande del cuerpo es:
   a) el estómago
   b) el hígado
   c) la piel
   d) el cerebro _____

7. Para verse bien arreglado en todo momento, el cabello requiere:
   a) lavados con shampoo regulares
   b) secado con secador
   c) spray para el cabello
   d) un peinado elaborado _____

8. El fundamento del arreglo personal satisfactorio incluye:
   a) una apariencia juvenil
   b) vestimenta limpia y elegida cuidadosamente
   c) los últimos estilos
   d) una imagen instruida _____

9. Al elegir la vestimenta a usar en el trabajo, debe considerar:
   a) sus preferencias personales
   b) el código de vestimenta del salón
   c) el esquema de color del salón
   d) los últimos estilos _____

10. Al elegir su propio peinado para el trabajo, siempre considere:
    a) la textura de su cabello patrón de ondulación
    b) el deseo de sus clientes
    c) los estilos de sus compañeros y de trabajo
    d) los últimos estilos _____

11. Al maquillarse para ir a trabajar, es mejor:
    a) elegir colores brillantes
    b) desarrollar un estilo
    c) aplicarlo en exceso
    d) acentuar sus mejores características _____

12. Como profesional de la belleza, está sujeto a mucho estrés incluyendo todo lo siguiente, con excepción de:
    a) las elevadas expectativas de los clientes
    b) estar parado todo el día
    c) la necesidad de trabajar más rápido
    d) 24 horas de cobertura _____

13. Establecer una rutina para dormir, comer y otros requerimientos diarios es:
    a) útil para reducir el estrés
    b) un modo de vida aburrido
    c) innecesario para los jóvenes
    d) difícil en el mundo de hoy _____

14. Para sentirse renovado y con ganas de enfrentar el día laboral, es importante:
    a) autorenovarse con relajación
    b) ser puntual
    c) comer todo lo que desea
    d) buscar asesoramiento médico _____

15. La comida buena y nutritiva posee numerosos efectos, incluyendo:
    a) prevenir diversas enfermedades
    b) causar deficiencias
    c) aumentar de peso
    d) causar desequilibrios químicos
    _____

16. El ejercicio físico posee numerosos efectos positivos en el cuerpo incluyendo:
    a) reducir la función inmune
    b) prevenir el envejecimiento
    c) aumentar el estrés
    d) el funcionamiento adecuado de los órganos
    _____

17. El ejercicio aeróbico, que mejora las funciones cardíacas, incluye todo lo siguiente con excepción de:
    a) bailar
    b) yoga
    c) esquiar a campo traviesa
    d) caminar
    _____

18. La apariencia es un aspecto importante de la imagen profesional e incluye todo lo siguiente con excepción de:
    a) la limpieza
    b) la postura
    c) una actitud optimista
    d) la buena imagen
    _____

19. Entre las pautas para una buena postura al estar de pie se encuentran:
    a) mantenga el cuello estirado
    b) deje caer los hombros
    c) incline las caderas hacia atrás
    d) mantenga rígidas las rodillas
    _____

20. Como cosmetólogo que pasa mucho tiempo de pie, el cuidado adecuado de los pies lo ayudará a:
    a) mantener una buena postura
    b) prevenir el síndrome del túnel carpiano
    c) mantenerse hidratado
    d) mejorar el funcionamiento cardiovascular
    _____

21. Para aumentar la circulación sanguínea a los pies, pruebe:
    a) calcetines o medias ajustados
    b) masajes de pies
    c) saltar en un piso duro
    d) tacos altos
    _____

22. La ciencia de "ajustar el empleo a la persona" se denomina:
    a) ergotismo
    b) ergonomía
    c) anatomía
    d) entomología
    _____

23. A los fines de evitar el esfuerzo en su cuerpo al permanecer de pie durante largos períodos, considere:
    a) trabajar con los brazos sobre el nivel de los hombros
    c) usar tacos altos
    b) colocar un pie en un banquillo
    d) bajar los hombros
    _____

24. Entre las mejoras ergonómicas recientes del ambiente de trabajo del salón se encuentran:
    a) las estaciones de trabajo cercanas entre sí
    c) los gabinetes bajos
    b) fuentes de lavado autoestables
    d) sillas estáticas
    _____

25. Para prevenir el esfuerzo físico, una buena práctica es:
    a) mantener los brazos separados del cuerpo
    c) girar el cuerpo para alcanzar algo
    b) girar la silla del cliente
    d) sujetar los implementos con firmeza
    _____

La comunicación como vía al éxito

1. Transmitir información a través de símbolos, gestos o comportamientos se denomina:
   - a) rituales
   - b) comunión
   - c) comunicación
   - d) lenguaje de señas

   _____

2. Al comunicarse, participa de todos los procesos siguientes, con excepción de:
   - a) recibir mensajes
   - b) meditar
   - c) establecer relaciones
   - d) enviar mensajes

   _____

3. El primer paso importante en la comunicación con su cliente es:
   - a) aclarar
   - b) asesorar
   - c) realizar una venta
   - d) brindar su opinión

   _____

4. Repetir al cliente con sus propias palabras lo que considera que le está diciendo se denomina:
   - a) repetición
   - b) escucha reflexiva
   - c) imitación
   - d) personificación

   _____

5. Para determinar los resultados que su cliente espera, tómese algún tiempo al comienzo de cada cita para una:
   - a) sesión de rumores
   - b) sesión de pellizcos
   - c) consulta con el cliente
   - d) discusión personal

   _____

6. Durante la consulta con el cliente, esté preparado con ciertos elementos incluyendo:
   - a) fotos suyas
   - b) su diploma
   - c) la política de demoras del salón
   - d) libros de peluquería

   _____

7. La persona que prefiere la vestimenta elegante y sofisticada se clasifica como que:

a) le falta imaginación

c) posee un estilo clásico

b) posee expectativas elevadas

d) posee un gran presupuesto _____

8. Un cliente con niños pequeños que no trabaja fuera del hogar seguramente elegirá:

a) un peinado en capas

c) un peinado de poco mantenimiento

b) un estilo llamativo

d) cabello corto _____

9. Mantener tarjetas de consulta completas y precisas de sus clientes lo ayuda:

a) con las llamadas recordatorias

c) a establecer buenas relaciones con los clientes

b) cuando conoce un nuevo cliente

d) a mantener su día conforme al cronograma _____

10. Al concertar una cita con un cliente nuevo:

a) realice una verificación de crédito

c) llámelo para asegurase de que vendrá

b) reserve tiempo adicional para una consulta

d) solicítele el pago por adelantado _____

11. Es ideal establecer un espacio especial para el área de consulta equipado con:

a) insumos del salón

c) muestras de coloración del cabello

b) fuente de lavado

d) revistas antiguas _____

12. Si en la consulta toma conocimiento de que su cliente realiza su propio servicio de coloración en el hogar:

a) niéguese a trabajar en su cabello

c) ofrézcale rehacerle el trabajo gratis

b) pregúntele con qué frecuencia y con qué productos se aplica color

d) ríase y menee la cabeza _____

13. Una de las ayudas más importantes para usar en su consulta es:

a) comida y bebida

c) tijeras y peine

b) un rollo publicitario

d) un espejo _____

14. La mejor manera de conservar la información obtenida durante la consulta es:
    a) registrarla en una tarjeta de consulta
    b) hacer que la recepcionista lleve un registro
    c) hacer que el administrador lleve un registro
    d) solicitarle al cliente que escriba la información   _____

15. Las habilidades personales que contribuirán a su éxito no incluyen:
    a) ser honesto y ético
    b) sonreír y ser cortés
    c) brindar a los demás el beneficio de la duda
    d) siempre tener la respuesta adecuada   _____

16. Si su cliente llega pasado del límite de una demora normal, generalmente la mejor política es:
    a) dejar que el cliente espere hasta que usted esté libre
    b) exigir una explicación
    c) atenderlo en poco tiempo
    d) solicitarle que reserve otra cita   _____

17. La meta final al tratar a un cliente insatisfecho es:
    a) impedir que se lo comente a otras personas
    b) convencerlo de que está satisfecho
    c) hacer que pague el servicio y regrese
    d) sacarlo del salón   _____

18. Una de las pautas para tratar a un cliente insatisfecho es :
    a) conocer los detalles
    b) decirle lo bien que se ve
    c) sugerirle que le de tiempo
    d) discutir para probar que usted tiene razón   _____

19. Llamar al administrador para que lo ayude con un cliente es:
    a) útil cuando todo lo demás haya fallado
    b) una mala decisión profesional
    c) lo primero que debe hacer
    d) potencialmente incómodo   _____

20. Además de desarrollar buenas habilidades personales con sus clientes, es importante:
    a) afianzar relaciones con sus compañeros de trabajo
    b) evitar trabajar con compañeros de trabajo irritantes
    c) reservarse toda la información personal para usted
    d) compartir el último rumor con sus compañeros de trabajo   _____

21. Las pautas para la interacción personal con sus compañeros de trabajo incluyen todo lo siguiente, con excepción de:
    a) compartir los problemas personales
    b) ser neutral
    c) tratar a todos con respeto
    d) no llevar todo al ámbito personal
    _____

22. Ser objetivo con sus compañeros de trabajo:
    a) hacer sentirse incómodos a los clientes
    b) genera un ambiente frío
    c) genera barreras
    d) reduce los desacuerdos
    _____

23. Una de las responsabilidades del administrador del salón es:
    a) involucrarse en todos los asuntos
    b) buscar a los estilistas de su agrado
    c) hacer que el negocio funcione a la perfección
    d) resolver todos los problemas personales
    _____

24. Si tiene un problema con un compañero de trabajo, diríjase al administrador:
    a) tan pronto como surja el problema
    b) para que lo ayude a resolver el problema
    c) para desahogarse
    d) para rumorear acerca de su compañero de trabajo
    _____

25. Para prepararse para la evaluación del empleado:
    a) realice una autoevaluación
    b) quédese después de la hora
    c) adule a su administrador
    d) oculte sus errores
    _____

Control de infecciones: principios y práctica

1. Los microorganismos unicelulares con características vegetales y animales se denominan:
   a) hongos
   b) cilios
   c) bacterias
   d) virus _____

2. Un tipo de bacteria patógena es:
   a) el saprofito
   b) el parásito
   c) el virus
   d) los cilios _____

3. Las bacterias dañinas se denominan:
   a) no patógenas
   b) saprofitos
   c) protozoos
   d) patógenos _____

4. Las bacterias patógenas producen:
   a) salud
   b) efectos beneficiosos
   c) enfermedad
   d) antitoxinas _____

5. El tipo de bacteria que vive en materia muerta se denomina:
   a) saprofitos
   b) flagelos
   c) virus
   d) parásitos _____

6. El sífilis y la enfermedad de Lyme son producidas por:
   a) los cocos
   b) la spirilla
   c) los diplococos
   d) los bacilos _____

7. Los cocos son bacterias con:
   a) forma de espiral
   b) forma redonda
   c) forma de tirabuzón
   d) forma de varilla _____

8. Los bacilos son bacterias con:
   a) forma de tirabuzón
   b) forma redonda
   c) forma de espiral
   d) forma de varilla
   _____

9. Las bacterias que se agrupan como hilos de collar y producen faringitis estreptocócica e intoxicación de la sangre son:
   a) los estreptococos
   b) los bacilos
   c) los diplococos
   d) los estafilococos
   _____

10. La spirilla es una bacteria con:
    a) forma de tirabuzón
    b) forma redonda
    c) forma plana
    d) forma de varilla
    _____

11. La bacteria que causó preocupación durante el 2000 en la industria de la pedicura fue la:
    a) Treponema pallida
    b) Pseudomonas aeruginosa
    c) Borrelia burgdorferi
    d) Mycobacterium fortuitum furunculosis
    _____

12. Las bacterias que rara vez muestran movilidad activa o movimiento propio son:
    a) los flagelos
    b) los cocos
    c) los bacilos
    d) la spirilla
    _____

13. Las delgadas extensiones similares a cabellos con que se mueven ciertas bacterias se denominan:
    a) esporas
    b) flagelos
    c) saprofitos
    d) diplococos
    _____

14. Las células bacterianas se reproducen sencillamente dividiéndose en dos células nuevas mediante un proceso denominado:
    a) mitosis
    b) motilidad
    c) la etapa vegetal
    d) la etapa de formación de esporas
    _____

15. Durante su etapa inactiva, ciertas bacterias tales como el ántrax y el bacilo del tétanos, forman:
    a) flagelos
    b) esporas
    c) células hijas
    d) toxinas
    _____

16. Una enfermedad transmisible:
    a) no se transmite de
       una persona a otra persona
    b) se previene con vacunación
    c) se transmite de una
       persona a otra persona
    d) es causada por bacterias
       no patógenas   _____

17. Una infección general tal como ___, afecta al cuerpo entero.
    a) una lesión en la piel
    b) el sífilis
    c) un grano
    d) una epidemia   _____

18. El pus es un signo de:
    a) epidemia
    b) inmunidad adquirida
    c) inmunidad natural
    d) infección   _____

19. Los virus causan:
    a) tuberculosis y tétanos
    b) faringitis estreptocócica
       e intoxicación de la sangre
    c) abscesos y forúnculos
    d) sarampión y hepatitis   _____

20. Una diferencia entre los virus y las bacterias es que las bacterias:
    a) pueden vivir por sí mismas
    b) se convierten en parte
       de las células
    c) son resistentes a los
       antibióticos
    d) pueden penetrar en las
       células   _____

21. La hepatitis es una enfermedad marcada por la inflamación de:
    a) el estómago
    b) los riñones
    c) el corazón
    d) el hígado   _____

22. El Síndrome de Inmuno Deficiencia Adquirida (SIDA) destruye
    qué sistema del cuerpo:
    a) el sistema digestivo
    b) el sistema esquelético
    c) el sistema inmunológico
    d) el sistema nervioso   _____

23. El SIDA es provocado por:
    a) el virus del herpes
    b) la falta de higiene personal
    c) el virus VIH
    d) los alimentos contaminados   _____

24. El virus VIH puede transmitirse por:
    a) compartir alimentos
    b) besarse
    c) el contacto casual
    d) los implementos filosos   _____

25. Las bacterias y virus pueden ingresar al cuerpo a través de:
    a) la piel grasa
    b) la piel seca
    c) la piel dañada
    d) la piel humeda   _____

26. Las formaciones de moho y los fermentos son:
    a) saprofitos
    b) virus
    c) hongos
    d) bacterias   _____

27. En una escuela o salón de cosmetología, los clientes con enfermedades y trastornos contagiosos deben ser:
    a) diagnosticados y tratados
    b) higienizados y desinfectados
    c) derivados a un médico
    d) medicados   _____

28. La resistencia a las infecciones se denomina:
    a) inmunidad
    b) superioridad
    c) inmunización
    d) ADN   _____

29. Las superficies de las herramientas u otros objetos que no estén libres de suciedad, aceites y microbios están:
    a) contaminadas
    b) estériles
    c) infectadas
    d) patógenas   _____

30. Eliminar los patógenos y otras sustancias de las herramientas o superficies se denomina:
    a) cepillado
    b) descontaminación
    c) esterilización de autoclave
    d) limpieza   _____

31. La esterilización es el único nivel de descontaminación que mata:
    a) las esporas de las bacterias
    b) las bacterias y virus
    c) el virus VIH
    d) la bacteria de la tuberculosis   _____

32. La esterilización es utilizada por:
    a) los cosmetólogos
    b) las amas de casa
    c) los cirujanos
    d) los técnicos en cuidado de uñas   _____

33. Las superficies que pueden desinfectarse son:
    a) la piel
    b) la superficie de las uñas
    c) las superficies no porosas
    d) la madera   _____

34. Nunca deben utilizarse los desinfectantes en la piel, cabello o uñas de seres humanos porque:
    a) no son lo suficientemente fuertes
    b) pueden producir sequedad
    c) pueden causar daño
    d) pueden manchar la piel _____

35. Todos los desinfectantes deben ser aprobados por cada estado en particular y por:
    a) EPA
    b) OSHA
    c) MSDS
    d) FDA _____

36. Todos los productos utilizados en la escuela o salón de cosmetología deben poseer:
    a) un número de registro OSHA
    b) garantía
    c) un envase opaco
    d) MSDS _____

37. La información importante encontrada en un MSDS incluye:
    a) requisitos de almacenamiento
    b) el valor de reventa del producto
    c) otros proveedores del producto
    d) otros usos del producto _____

38. OSHA fue creada para regular y aplicar:
    a) accidentes domésticos
    b) normas de seguridad y salud
    c) actos peligrosos de los salones
    d) hogares sanitarios _____

39. Un desinfectante "Formulado para Instalaciones Hospitalarias y Centros de Salud" debe ser pseudomonicida, bactericida, fungicida y:
    a) fácil de diluir
    b) de bajo costo
    c) pneumonicida
    d) viricida _____

40. El implemento del salón que entra en contacto con sangre o fluidos corporales debe ser limpiado y totalmente inmerso en un desinfectante tuberculicida registrado ante EPA o uno que mate:
    a) el virus del herpes y la hepatitis
    b) el virus VIH y el SIDA
    c) el virus VIH y el herpes
    d) el virus VHB y VIH _____

41. Todo elemento utilizado con un cliente debe ser desinfectado o:
    a) entregado al cliente
    b) desechado
    c) conservado por el estilista
    d) lavado _____

42. Antes de ser bañados en desinfectante, los implementos deben ser completamente:
    a) remojados
    b) secados
    c) limpiados
    d) calentados
    _____

43. Los limpiadores ultrasónicos son un modo eficaz de limpiar pequeñas hendiduras en implementos sólo cuando se los usa con:
    a) 70% de alcohol isopropílico
    b) hipoclorito de sodio
    c) un desinfectante efectivo
    d) un astringente efectivo
    _____

44. La mayoría de los compuestos de amonio cuaternario desinfectan los implementos en:
    a) 10-15 minutos
    b) 5-10 minutos
    c) 2-5 minutos
    d) 5-10 segundos
    _____

45. Los desinfectantes fenólicos en 5 por ciento de solución se utilizan mayormente para:
    a) la sanitación de la piel
    b) la goma y el plástico
    c) los derrames de sangre
    d) los implementos metálicos
    _____

46. Dos desinfectantes utilizados en el salón en el pasado, pero que fueron reemplazados por tecnologías más avanzadas y eficaces son:
    a) alcohol y blanqueador
    b) alcohol y quats
    c) fenoles y blanqueador
    d) quats y fenoles
    _____

47. Los estados que requieren desinfección de tipo hospitalaria no permiten el uso de ____ para desinfectar los implementos.
    a) desinfectantes registrados ante EPA
    b) quats
    c) el alcohol
    d) fenoles
    _____

48. El nombre técnico del blanqueador es:
    a) hidróxido de sodio
    b) hipoclorito de sodio
    c) cloruro de sodio
    d) hidrocloro de sodio
    _____

49. Un producto no considerado seguro para su uso en el salón porque causa una serie de problemas de salud es:
    a) el alcohol
    b) el blanqueador
    c) antiséptico
    d) la formalina
    _____

50. Los implementos pueden ser retirados de los desinfectantes con cualquiera de los siguientes elementos, con excepción de:
a) los dedos descubiertos
b) las pinzas
c) la rejilla de drenaje
d) las manos enguantadas   _____

51. La solución utilizada en un recipiente de sanitación por inmersión debe cambiarse:
a) cuando se ve turbia
b) una vez al día
c) día por medio
d) una vez a la semana   _____

52. Al mezclar desinfectantes, siempre:
a) agregue desinfectante al agua
b) mezcle una solución más suave que la recomendada
c) mezcle una solución más fuerte que la recomendada
d) agregue agua al desinfectante   _____

53. Los implementos desinfectados adecuadamente deben guardarse en:
a) un recipiente desinfectado y cubierto
b) un recipiente abierto en la estación
c) un cajón de la estación
d) un recipiente de sanitación por inmersión   _____

54. Los esterilizadores ultravioleta (UV) son para:
a) guardar los implementos sucios
b) esterilizar los implementos
c) desinfectar los implementos
d) guardar los implementos desinfectados   _____

55. Las capas y trapos deben usarse una vez y luego lavarse con:
a) blanqueador
b) quats
c) fenoles
d) antisépticos   _____

56. Las piezas de las herramientas tales como las maquinillas para el cabello que no pueden sumergirse en líquido:
a) no pueden ser desinfectadas
b) deben ser desinfectadas
c) deben limpiarse con una toalla húmeda
d) deben ser enjuagadas rápidamente   _____

57. Los spa de pies deben desinfectarse con un desinfectante registrado ante EPA con eficacia bactericida, fungicida, viricida (y en algunos estados, eficacia tuberculicida):
    a) cada dos semanas
    b) una vez a la semana
    c) después de cada cliente
    d) una vez al día
    _____

58. Cada dos semanas, los spa de pies deben llenarse con __ que debe dejarse asentar durante toda la noche.
    a) un 5 por ciento de solución blanqueadora
    b) un desinfectante registrado ante EPA
    c) un 5 por ciento de solución quat
    d) agua jabonosa caliente
    _____

59. Al desechar paños contaminados o copos de algodón con derrames de sangre, éstos deben ser:
    a) arrojados en un cesto de basura
    b) colocados en bolsa doble antes de desecharlos
    c) envueltos en una toalla
    d) arrojados en un volquete
    _____

60. El tercer nivel o nivel inferior de descontaminación es:
    a) la remoción del cesto de basura
    b) la desinfección
    c) el control de infecciones
    d) la higiene
    _____

61. Lavarse las manos es un ejemplo de:
    a) esterilización
    b) desinfección
    c) higiene
    d) contaminación
    _____

62. En vez de usar jabones en barra que pueden albergar bacterias, debe proveer:
    a) paños con alcohol
    b) detergentes
    c) blanqueador diluido
    d) jabón líquido
    _____

63. En el salón generalmente se considera suficiente lavarse las manos con:
    a) agua corriente
    b) limpiadores registrados ante EPA
    c) jabón y agua tibia
    d) desinfectantes
    _____

64. Los productos conocidos como antisépticos:
    a) se clasifican como desinfectantes
    b) pueden aplicarse con seguridad en la piel
    c) no matan las bacterias
    d) son más fuertes que los desinfectantes   _____

65. Las pautas y controles que requieren que empleador y empleado asuman que toda la sangre humana y fluidos corporales específicos están infectados con VIH, VHB y otros patógenos de transmisión hemática, se denominan:
    a) Pautas sobre VIH y VHB
    b) Precauciones de los salones
    c) Controles de desinfección
    d) Precauciones universales   _____

Anatomía y fisiología

1. El estudio de las estructuras del cuerpo humano que pueden
   verse a simple vista se denomina:
   a) anatomía   c) fisiología
   b) miología   d) histología   _____

2. Las células vegetales y animales vivas están rodeadas por:
   a) el citoplasma   c) el protoplasma
   b) el núcleo   d) la membrana celular   _____

3. La sustancia de la cual se componen todas las células vivas se
   denomina:
   a) protoplasma   c) los leucocitos
   b) la linfa   d) el plasma   _____

4. Los materiales alimentarios para el crecimiento y
   auto-reparación celular se encuentran en:
   a) la célula hija   c) el citoplasma
   b) la membrana celular   d) el núcleo   _____

5. El proceso de generar moléculas más grandes a partir de
   moléculas más pequeñas se denomina:
   a) anabolismo   c) mitosis
   b) catabolismo   d) circulación   _____

6. El tejido es un grupo de __ que desempeñan una función
   específica.
   a) sistemas   c) membranas
   b) células   d) órganos   _____

7. El cerebro y la médula espinal son ejemplos de:
   a) tejido nervioso   c) tejido epitelial
   b) tejido conectivo   d) tejido muscular   _____

8. El tejido que sirve como cubierta protectora de las superficies corporales se denomina:
   a) tejido nervioso
   b) tejido epitelial
   c) tejido conectivo
   d) tejido muscular   _____

9. El corazón, los pulmones, los riñones, el estómago y los intestinos son estructuras corporales:
   a) órganos
   b) funciones
   c) sistemas
   d) tejidos   _____

10. El sistema circulatorio incluye estos órganos:
    a) glándulas de sudor y excretoras de aceite
    b) pulmones y conductos de aire
    c) estómago y glándulas salivales
    d) corazón y vasos sanguíneos   _____

11. El sistema corporal que sirve como cimiento físico del cuerpo es el:
    a) sistema esquelético
    b) sistema nervioso
    c) sistema respiratorio
    d) sistema circulatorio   _____

12. El estudio específico de la anatomía, estructura y funciones de los huesos se denomina:
    a) tricología
    b) biología
    c) osteología
    d) miología   _____

13. La parte de la calavera que protege el cerebro es:
    a) el cráneo
    b) el hueso frontal
    c) la mandíbula
    d) el esqueleto facial   _____

14. Una función importante de los huesos es:
    a) producir glóbulos rojos y blancos
    b) estimular la circulación sanguínea
    c) estimular los músculos
    d) producir calcio   _____

15. Los dos huesos que forman los lados y coronilla (parte superior) del cráneo son los:
    a) huesos frontales
    b) huesos temporales
    c) huesos occipitales
    d) huesos parietales   _____

16. El hueso en forma de U que comúnmente se denomina la "nuez de la garganta" es:
    a) el hueso nasal
    b) el carpo
    c) la mandíbula
    d) el hioides   _____

17. La caja ósea que sirve de marco protector del corazón, pulmones y otros órganos es:
    a) la escápula
    b) la falange
    c) el tórax
    d) el esternón   _____

18. Los pómulos también se denominan:
    a) maxilares
    b) huesos cigomáticos
    c) huesos lagrimales
    d) huesos temporales   _____

19. El hueso más grande y resistente de la cara es:
    a) el hueso cigomático
    b) el hueso lagrimal
    c) el maxilar
    d) la mandíbula   _____

20. El lugar donde se conectan dos o más huesos se denomina:
    a) tendón
    b) origen
    c) articulación
    d) ligamento   _____

21. Los huesos temporales forman:
    a) el maxilar inferior
    b) los lados de la cabeza
    c) la frente
    d) las cavidades de los ojos   _____

22. Los huesos del antebrazo son:
    a) las falanges
    b) el cúbito y radio
    c) el carpo y metacarpo
    d) el húmero y radio   _____

23. Los 14 huesos de los dedos de cada mano son:
    a) las falanges
    b) las clavículas
    c) los carpianos
    d) los dedos   _____

24. El tabique de la nariz está formado por:
    a) huesos frontales
    b) huesos lagrimales
    c) huesos nasales
    d) huesos cigomáticos   _____

25. El lugar de unión de un músculo a una sección inmóvil del esqueleto se denomina:
    a) vientre
    c) inserción

25. El lugar de unión de un músculo a una sección inmóvil del esqueleto se denomina:
    a) vientre
    b) origen
    c) inserción
    d) ligamento
    _____

26. El estudio de la estructura, funciones y enfermedades de los músculos se denomina:
    a) neurología
    b) osteología
    c) cardiología
    d) miología
    _____

27. Los músculos unidos a los huesos y controlados a voluntad son los:
    a) músculos viscerales
    b) músculos lisos
    c) músculos estriados
    d) músculos cardíacos
    _____

28. El músculo que cubre la zona superior de la calavera es el:
    a) prócer
    b) músculo dorsal ancho
    c) epicráneo
    d) aponeurosis
    _____

29. El músculo que rodea la cavidad de los ojos es el:
    a) orbicular de los párpados
    b) auricular superior
    c) prócer
    d) orbicular de los labios
    _____

30. Los músculos de mascadura o masticación son los:
    a) pectoral mayor y menor
    b) cigomático mayor y menor
    c) músculos buccinador y mentoniano
    d) músculos masetero y temporal
    _____

31. Uno de los músculos que controla los movimientos oscilantes del brazo es el:
    a) deltoides
    b) trapecio
    c) serrato mayor
    d) extensor
    _____

32. El músculo del cuello que baja y rota la cabeza es el:
    a) pectoral
    b) esternocleidomastoideo
    c) orbicular de los labios
    d) platisma
    _____

33. Los músculos que juntan los dedos son los:
    a) extensores
    b) oponentes
    c) aductores
    d) abductores
    _____

34. El cerebro, la médula espinal, los nervios espinales y craneales conforman el:
   a) sistema nervioso autónomo
   b) sistema circulatorio
   c) sistema nervioso central
   d) sistema nervioso periférico _____

35. El tejido nervioso más extenso y complejo del cuerpo es:
   a) el V par craneal
   b) la médula espinal
   c) el nervio espinal
   d) el cerebro _____

36. Las sensaciones de tacto, frío, calor, vista y oído son transmitidas al cerebro por:
   a) los reflejos
   b) los nervios motores
   c) los nervios sensorios
   d) los nervios eferentes _____

37. La parte de la célula nerviosa o neurona que envía impulsos desde el cuerpo celular hacia otras neuronas, glándulas o músculos se denomina:
   a) médula espinal
   b) axón
   c) cuerpo celular
   d) dendritas _____

38. La rama del V par craneal que afecta el oído externo y la piel sobre la sien es el:
   a) nervio auriculotemporal
   b) nervio infraorbitario
   c) nervio mentoniano
   d) nervio infratroclear _____

39. La punta y lado inferior de la nariz son afectados por el:
   a) nervio nasal
   b) nervio supraorbitario
   c) nervio infratroclear
   d) nervio supratroclear _____

40. El nervio craneal más extenso es el:
   a) nervio mentoniano
   b) nervio supraorbitario
   c) nervio maxilar
   d) V par craneal _____

41. La piel de la frente y cejas está afectada por el:
   a) nervio infraorbitario
   b) nervio supraorbitario
   c) nervio infratroclear
   d) nervio supratroclear _____

42. El principal nervio motor de la cara es el:
   a) VII par craneal
   b) nervio supraorbitario
   c) V par craneal
   d) nervio mentoniano _____

43. El nervio que afecta a los músculos de la parte superior de la mejilla es el:
    a) nervio auricular posterior
    b) nervio temporal
    c) nervio bucal
    d) nervio cigomático
    _____

44. Los músculos de la boca están afectados por el:
    a) nervio mandibular
    b) nervio bucal
    c) nervio auricular posterior
    d) nervio cigomático
    _____

45. Los nervios que nacen en la médula espinal son los:
    a) nervios radiales
    b) nervios mandibulares
    c) nervios cigomáticos
    d) nervios cervicales
    _____

46. El nervio cervical que afecta el frente y lados del cuello en forma descendente hasta el esternón es el:
    a) nervio auricular menor
    b) nervio occipital mayor
    c) nervio occipital menor
    d) nervio cutáneo cervical
    _____

47. El nervio sensorio motor que con sus ramificaciones alimenta el lado del brazo correspondiente al pulgar y el dorso de la mano es el:
    a) nervio radial
    b) nervio cubital
    c) nervio digital
    d) nervio mediano
    _____

48. Uno de los cuatro nervios principales del brazo y la mano que alimenta los dedos es el:
    a) nervio digital
    b) nervio mediano
    c) nervio cubital
    d) nervio radial
    _____

49. La circulación sanguínea constante del cuerpo es controlada por el:
    a) sistema circulatorio
    b) sistema esquelético
    c) sistema linfático
    d) sistema nervioso
    _____

50. El sistema sanguíneo-vascular comprende el corazón, las arterias, las venas y:
    a) los ventrículos
    b) los capilares
    c) los vasos linfáticos
    d) las aurículas
    _____

51. Las cámaras superiores del corazón se denominan:
    a) válvulas
    b) capilares
    c) aurículas
    d) linfa
    _____

52. El interior del corazón contiene las aurículas y:
    a) las válvulas   c) la linfa
    b) los ventrículos   d) los capilares   _____

53. Los vasos que llevan sangre desde el corazón se denominan:
    a) capilares   c) válvulas
    b) arterias   d) venas   _____

54. Los vasos que llevan sangre hacia el corazón se denominan:
    a) arterias   c) válvulas
    b) capilares   d) venas   _____

55. El fluido amarillento y claro que circula por los vasos linfáticos del cuerpo se denomina:
    a) vena   c) plasma
    b) neurona   d) linfa   _____

56. La membrana que cubre el corazón es:
    a) la aurícula   c) la linfa
    b) el pericardio   d) la aorta   _____

57. La sangre se compone de corpúsculos rojos y blancos, plaquetas, plasma y:
    a) leucocitos   c) hemoglobina
    b) eritrocitos   d) trombocitos   _____

58. El cuerpo humano posee entre cuatro y cinco litros de un fluido nutritivo denominado:
    a) plaquetas   c) leucocitos
    b) sangre   d) plasma   _____

59. La parte fluida de la sangre en la cual fluyen las plaquetas y células sanguíneas es:
    a) el pericardio   c) los trombocitos
    b) el plasma   d) la hemoglobina   _____

60. Las células que contribuyen al proceso de coagulación de la sangre son:
    a) el plasma   c) los corpúsculos blancos
    b) las plaquetas   d) los corpúsculos rojos _____

61. La hemoglobina, que brinda a la sangre el color rojo brillante, se encuentra en:
    a) las plaquetas
    b) los glóbulos rojos
    c) los leucocitos
    d) los corpúsculos blancos _____

62. Una de las funciones críticas de la sangre es:
    a) impedir su coagulación
    b) variar la temperatura corporal
    c) llevar sustancias nutritivas a todas las células del cuerpo
    d) llevar dióxido de carbono a todas las células del cuerpo _____

63. La linfa circula a través de los vasos linfáticos y es filtrada por:
    a) los leucocitos
    b) las plaquetas
    c) los ganglios linfáticos
    d) las arterias _____

64. El cerebro, ojos, párpados y nariz reciben sangre de la:
    a) arteria maxilar externa
    b) arteria carótida interna
    c) arteria parietal
    d) arteria carótida externa _____

65. La arteria que suministra sangre a la región del labio superior y la nariz es la:
    a) arteria labial inferior
    b) arteria labial superior
    c) arteria submentoniana
    d) arteria angular _____

66. La arteria maxilar externa también es conocida como la:
    a) arteria temporal superficial
    b) arteria facial
    c) arteria occipital
    d) arteria auricular posterior _____

67. La arteria que suministra sangre a las sienes es la:
    a) arteria auricular anterior
    b) arteria frontal
    c) arteria temporal media
    d) arteria parietal _____

68. Las dos ramas de la arteria carótida interna que es importante conocer son:
    a) occipital y auricular posterior
    b) supraorbitaria e infraorbitaria
    c) auricular anterior y posterior
    d) supraorbitaria y superorbital _____

69. Las dos arterias que constituyen el principal suministro de sangre para los brazos y manos se denominan:
    a) eritrocitos y leucocitos
    b) arterias facial y maxilar externa
    c) arterias carótidas internas y externas
    d) cubital y radial arterias
    _____

70. El grupo de glándulas especializadas que afecta al desarrollo y a la actividad sexual es el:
    a) sistema excretor
    b) sistema endocrino
    c) sistema digestivo
    d) sistema circulatorio
    _____

71. Las glándulas de sudor y excretoras de aceite de la piel son:
    a) glándulas con conducto
    b) glándulas hormonales
    c) glándulas sin conducto
    d) glándulas endocrinas
    _____

72. La insulina, adrenalina y estrógeno son todos ejemplos de:
    a) hormonas
    b) enzimas digestivas
    c) glándulas con conducto
    d) plaquetas
    _____

73. El sistema digestivo también se denomina:
    a) sistema excretor
    b) sistema integumentario
    c) sistema gastrointestinal
    d) sistema respiratorio
    _____

74. El sistema corporal que posibilita la respiración es el:
    a) sistema endocrino
    b) sistema circulatorio
    c) sistema excretor
    d) sistema respiratorio
    _____

75. La piel desempeña un papel importante en el sistema excretor porque elimina:
    a) oxígeno
    b) bilis
    c) transpiración
    d) dióxido de carbono
    _____

Conceptos básicos de química y electricidad

1. La química orgánica es el estudio de las sustancias que contienen:
   a) carbono
   b) agua
   c) hidrógeno
   d) organismos   _____

2. Los ejemplos de sustancias orgánicas incluyen:
   a) pesticidas
   b) minerales
   c) agua pura
   d) metales   _____

3. La materia es una sustancia que:
   a) ocupa un espacio
   b) contiene carbono
   c) es soluble en agua
   d) es sólida o líquida   _____

4. Las partículas que conforman toda la materia son:
   a) moléculas elementales
   b) moléculas compuestas
   c) átomos
   d) compuestos químicos   _____

5. Dos o más átomos del mismo elemento unidos químicamente forman:
   a) una molécula elemental
   b) un compuesto químico
   c) una molécula compuesta
   d) un estado de la materia   _____

6. Cuando el agua hierve, cambia de un estado de la materia a otro, de:
   a) líquido a gaseoso
   b) gaseoso a líquido
   c) sólido a líquido
   d) sólido a gaseoso   _____

7. Cuando ocurre un cambio físico en una sustancia, existe:
   a) un cambio de las propiedades físicas
   b) cero cambio en el estado de la materia
   c) la formación de una nueva sustancia
   d) una reacción química   _____

8. La acción de la coloración permanente del cabello es un ejemplo de:
   a) alteración física
   b) alteración temporaria
   c) alteración química
   d) alteración del estado de la materia

   _____

9. El agua (H_2O) es un ejemplo de:
   a) un compuesto químico
   b) un elemento
   c) una mezcla física
   d) una solución

   _____

10. El agua salada y la ensalada de fruta son ejemplos de:
    a) una sustancia pura
    b) una mezcla física
    c) un compuesto químico
    d) un elemento

    _____

11. La mezcla combinada de dos o más sólidos, líquidos o gases es:
    a) una solución
    b) una suspensión
    c) una emulsión
    d) un compuesto químico

    _____

12. Los líquidos que pueden mezclarse en cualquier proporción sin separarse son:
    a) suspendidos
    b) inmiscibles
    c) emulsionados
    d) miscibles

    _____

13. Una sustancia que disuelve otra sustancia para formar una solución sin cambiar la composición química es:
    a) un surfactante
    b) un solvente
    c) una emulsión
    d) un soluto

    _____

14. La mezcla que debe agitarse o mezclarse bien antes de usarse es una:
    a) suspensión
    b) solución
    c) emulsión aceite en agua
    d) emulsión agua en aceite

    _____

15. La mayoría de las emulsiones utilizadas en un salón:
    a) son emulsiones agua en aceite
    b) no usan surfactantes
    c) contienen más aceite que agua
    d) son emulsiones aceite en agua

    _____

16. Las emulsiones son mezclas de dos o más:
    a) sustancias miscibles
    b) surfactantes
    c) sustancias inmiscibles
    d) soluciones

    _____

17. La cabeza de una molécula surfactante denota preferencia por el agua o es:
   a) inmiscible
   b) hidrófila
   c) hidrofóbica
   d) lipófila
   _____

18. Las sustancias utilizadas a menudo en reemplazo del amoníaco en los productos para el cabello porque su olor no es tan fuerte son:
   a) siliconas
   b) alcoholes
   c) alcanolaminas
   d) glicerinas
   _____

19. El gas incoloro con olor fuerte compuesto de hidrógeno y nitrógeno es:
   a) la glicerina
   b) el alcohol graso
   c) el amoníaco
   d) el peróxido de hidrógeno
   _____

20. En el agua pura, algunas de las moléculas se ionizan naturalmente con los iones de hidrógeno y:
   a) los iones de nitrógeno
   b) los iones de peróxido
   c) los iones de hidróxido
   d) los iones de oxígeno
   _____

21. El pH es posible sólo como resultado de la ionización de:
   a) el alcohol
   b) el agua
   c) el aceite
   d) las soluciones no acuosas
   _____

22. La escala del pH mide:
   a) acidez y alcalinidad
   b) punto de fusión y punto de ebullición
   c) pureza y solidez
   d) peso y densidad
   _____

23. Las soluciones con pH inferior a 7,0 son:
   a) neutras
   b) alcalinas
   c) básicas
   d) ácidas
   _____

24. Los álcalis tienen un pH superior a 7,0 y:
   a) sabor amargo
   b) transforman el papel de tornasol de rojo a azul
   c) suavizan y ondulan el cabello
   d) contraen y endurecen el cabello
   _____

25. El pH promedio del cabello y la piel es:
   a) siete
   b) cinco
   c) tres
   d) 12
   _____

26. Cuando se combina una sustancia con oxígeno, el proceso se denomina:
    a) oxidación
    b) reacción de oxidorreducción
    c) reducción
    d) ionización
    _____

27. La reacción química en la cual se agrega hidrógeno a una sustancia es:
    a) la oxidación
    b) la reacción de oxidorreducción
    c) la reducción
    d) la ionización
    _____

28. La sustancia que transmite electricidad fácilmente es un:
    a) aislante
    b) un rectificador
    c) un transformador
    d) un conductor
    _____

29. La goma y la seda son buenos:
    a) aislantes
    b) disyuntores
    c) transformadores
    d) conductores
    _____

30. La corriente eléctrica constante que viaja sólo en una dirección se denomina:
    a) corriente alterna
    b) corriente continua
    c) corriente farádica
    d) corriente sinusoidal
    _____

31. La unidad de presión eléctrica se denomina:
    a) voltio
    b) ohmio
    c) vatio
    d) amperio
    _____

32. Un amperio es una unidad de qué eléctrico/a:
    a) potencia
    b) tensión
    c) resistencia
    d) uso
    _____

33. La cantidad de energía eléctrica utilizada en un segundo se mide en:
    a) vatios
    b) amperios
    c) voltios
    d) ohmios
    _____

34. El dispositivo que interrumpe o corta automáticamente el circuito eléctrico en caso de sobrecarga es:
    a) el fusible
    b) la placa conectora
    c) el disyuntor
    d) el transformador
    _____

35. Los tratamientos faciales electrónicos se denominan:
    a) electroterapia
    b) fototerapia
    c) hidroterapia
    d) terapia de choque

    _____

36. El electrodo positivo de un dispositivo de electroterapia se denomina:
    a) enchufe
    b) ánodo
    c) placa conectora
    d) cátodo

    _____

37. En electroterapia, el cátodo es:
    a) generalmente rojo
    b) el electrodo negativo
    c) el electrodo positivo
    d) marcado con un signo positivo (+)

    _____

38. La corriente constante y continua utilizada para producir efectos químicos en los tejidos y fluidos corporales es la:
    a) corriente sinusoidal
    b) corriente farádica
    c) corriente galvánica
    d) corriente Tesla

    _____

39. La corriente alterna e ininterrumpida utilizada para provocar contracciones musculares es la:
    a) corriente galvánica
    b) corriente de alta frecuencia
    c) corriente farádica
    d) corriente Tesla

    _____

40. La corriente eléctrica utilizada por su efecto productor de calor es la:
    a) corriente sinusoidal
    b) corriente galvánica
    c) corriente farádica
    d) corriente de alta frecuencia

    _____

41. El ánodo (electrodo positivo) de un dispositivo galvánico:
    a) expande los vasos sanguíneos
    b) abre los poros
    c) contrae los vasos sanguíneos
    d) produce reacciones alcalinas

    _____

42. El cátodo (electrodo negativo) de un dispositivo galvánico:
    a) calma los nervios
    b) cierra los poros
    c) estimula los nervios
    d) endurece y afirma los tejidos

    _____

43. El proceso de ablandar y emulsionar los depósitos de aceite y espinillas de los folículos es:
    a) la cataforesis
    b) la anaforesis
    c) la desincrustación
    d) la iontoforesis

    _____

44. La luz visible constituye el __% de la luz solar natural.
   a) 50
   b) 5
   c) 35
   d) 65
   _____

45. Los rayos ultravioleta (UV), también denominados rayos fríos o actínicos, poseen longitudes de ondas cortas y:
   a) son los rayos menos penetrantes
   b) producen mayor calor
   c) son seguros en grandes dosis
   d) no poseen efecto germicida
   _____

46. Los rayos invisibles que producen más calor son los:
   a) rayos ultravioleta
   b) rayos infrarrojos
   c) rayos de luz roja
   d) rayos actínicos
   _____

47. Se estima que __ estadounidenses desarrollarán cáncer de piel.
   a) 1 de cada cinco
   b) 1 de cada 100
   c) 1 de cada 1.000
   d) 1 de cada 50
   _____

48. La "luz de combinación" también es conocida como:
   a) luz blanca
   b) luz azul
   c) luz ultravioleta
   d) luz roja
   _____

49. La distancia promedio a la que debe colocar una lámpara infrarroja respecto de la piel es aproximadamente:
   a) 45,7 cm.
   b) 25,4 cm.
   c) 76,2 cm.
   d) 60,9 cm.
   _____

50. Una precaución de seguridad que siempre debe respetar con los equipos eléctricos es:
   a) pisar sobre los cables eléctricos
   b) usar un solo enchufe por tomacorriente
   c) manipular el equipo con las manos mojadas
   d) limpiar los tomacorrientes con el equipo conectado
   _____

Propiedades del cabello y cuero cabelludo

1. El estudio científico del cabello, sus enfermedades y cuidado se denomina:
   a) dermatología
   b) biología
   c) tricología
   d) peluquería
   _____

2. Las dos divisiones principales del cabello son la raíz del cabello y:
   a) el tallo del cabello
   b) la papila dérmica
   c) el bulbo
   d) el folículo
   _____

3. Las tres estructuras principales relacionadas con la raíz del cabello son el folículo, el bulbo y:
   a) la cutícula
   b) la médula
   c) el flujo de cabello
   d) la papila dérmica
   _____

4. La raíz del cabello está ubicada en una depresión similar a un tubo o cavidad de la piel denominada:
   a) arrector pili
   b) bulbo piloso
   c) folículo
   d) poro sudoríparo
   _____

5. La estructura en forma de palo de golf que forma la parte inferior de la raíz del cabello es:
   a) el tallo del cabello
   b) la papila dérmica
   c) el arrector pili
   d) el bulbo piloso
   _____

6. La provisión de sangre y nervios que suministra los nutrientes necesarios para el crecimiento del cabello se encuentra en:
   a) el arrector pili
   b) la papila dérmica
   c) las glándulas sebáceas
   d) el tallo del cabello
   _____

7. El pequeño músculo involuntario de la piel que se contrae y provoca la "piel de gallina" es:
   a) el orbicular de los párpados
   b) la papila dérmica
   c) la médula
   d) el arrector pili
   _____

8. La sustancia grasosa denominada sebo es secretada por:
   a) las glándulas sudoríparas
   b) el arrector pili
   c) las glándulas sebáceas
   d) la papila dérmica
   _____

9. Las tres capas del tallo del cabello son la cutícula, la corteza y:
   a) el folículo
   b) el bulbo
   c) la raíz
   d) la médula
   _____

10. La capa del tallo del cabello que lo protege de la penetración y los daños es:
    a) la corteza
    b) el folículo
    c) la cutícula
    d) la médula
    _____

11. Por lo general, sólo el cabello grueso tiene:
    a) papila dérmica
    b) corteza
    c) cutícula
    d) médula
    _____

12. Aproximadamente el 90% del peso total del cabello proviene de:
    a) la cutícula
    b) la médula
    c) el folículo
    d) la corteza
    _____

13. Los líquidos pueden penetrar el cabello sólo cuando se eleva la __.
    a) raíz
    b) médula
    c) cutícula
    d) corteza
    _____

14. Para penetrar la capa de la cutícula y alcanzar la corteza, las coloraciones de oxidación, soluciones para permanente y los alisadores químicos deben poseer:
    a) cero pH
    b) un pH alcalino
    c) un pH ácido
    d) un pH neutro
    _____

15. Los cambios que ocurren en el cabello durante la ondulación permanente, alisado químico y la coloración de oxidación tienen lugar en:
    a) la médula
    b) las raíces
    c) la cutícula
    d) la corteza
    _____

16. Al madurar, las células vivas del cabello se llenan de una proteína denominada:
    a) sebo
    b) queratina
    c) melanina
    d) lanugo
    _____

17. Los elementos que integran los aminoácidos del cabello son carbono, nitrógeno, hidrógeno,:
    a) azufre y cloro
    b) cobre y oxígeno
    c) oxígeno y azufre
    d) oxígeno y sodio
    _____

18. De los cinco elementos del cabello humano, el que existe en mayor porcentaje es el:
    a) oxígeno
    b) azufre
    c) hidrógeno
    d) carbono
    _____

19. Los enlaces químicos que unen a los aminoácidos entre sí se denominan:
    a) enlaces peptídicos
    b) enlaces laterales
    c) enlaces de hidrógeno
    d) enlaces salinos
    _____

20. Los enlaces que brindan resistencia y elasticidad al cabello son:
    a) los enlaces laterales
    b) los enlaces peptídicos
    c) las cadenas polipéptidas
    d) los enlaces terminales
    _____

21. Existen tres tipos distintos de enlaces laterales en la corteza:
    a) enlaces polipéptidos, de hidrógeno y salinos
    b) enlaces salinos, de hidrógeno y peptídicos
    c) enlaces de hidrógeno, salinos y enlaces de bisulfuro
    d) enlaces de bisulfuro y enlaces salinos
    _____

22. Los enlaces laterales más resistentes de la corteza son los:
    a) enlaces de hidrógeno
    b) enlaces peptídicos
    c) enlaces salinos
    d) enlaces de bisulfuro
    _____

23. El enlace de bisulfuro une los átomos de __ de dos aminoácidos de cisteína vecinos para crear cistina.
    a) carbono
    b) hidrógeno
    c) nitrógeno
    d) azufre
    _____

24. Los enlaces de bisulfuro pueden quebrarse con:
    a) el shampoo   c) las permanentes y los alisadores
    b) el calor   d) el agua   _____

25. El enlace de hidrógeno es un enlace lateral físico que se quiebra fácilmente con:
    a) los cambios en el pH   c) el agua o el calor
    b) la ondulación permanente   d) los alisadores químicos   _____

26. Todo el color natural del cabello se basa en la relación entre:
    a) la eumelanina y la melanina   c) la melanina y la anilina
    b) la eumelanina y la feomelanina   d) la queratina y la melanina   _____

27. El pigmento que otorga los colores naturales del cabello que van del rojo y pelirrojo a los tonos rubios es la:
    a) eumelanina   c) melanina
    b) melanina roja   d) feomelanina   _____

28. Todo el color natural del cabello es el resultado del pigmento ubicado dentro de la:
    a) cutícula   c) corteza
    b) esencia   d) médula   _____

29. La cantidad de movimiento de los mechones de cabello se denomina:
    a) patrón de ondulación   c) textura
    b) densidad   d) porosidad   _____

30. La sección transversal de un mechón de cabello ondulado generalmente es:
    a) ovalada   c) triangular
    b) disforme   d) redonda   _____

31. El cabello extremadamente rizado que forma rollos en general:
    a) es muy elástico   c) es muy resistente
    b) posee una textura gruesa   d) posee una textura fina   _____

32. Los cuatro factores más importantes a considerar en un análisis del cabello incluyen todo lo siguiente, con excepción de:
    a) la elasticidad   c) el largo
    b) la porosidad   d) la textura   _____

33. La textura del cabello se define como:
    a) la capacidad del cabello
       para absorber humedad
    b) el grado de alisado
       u ondulación del cabello
    c) la capacidad del cabello
       para estirarse
    d) el diámetro   _____

34. La capacidad del cabello para absorber la humedad es su:
    a) porosidad
    b) textura
    c) elasticidad
    d) densidad   _____

35. El cabello __ posee mayor diámetro.
    a) fino
    b) grueso
    c) liso
    d) canoso   _____

36. La textura del cabello más susceptible de dañarse por los
    servicios químicos es:
    a) la fina
    b) la media
    c) la gruesa
    d) la rizada   _____

37. La cantidad de mechones de cabello individuales en 1
    centímetro cuadrado de cuero cabelludo se denomina:
    a) densidad
    b) textura
    c) porosidad
    d) grosor   _____

38. La cantidad de cabello en la cabeza generalmente varía según:
    a) el porcentaje de canas
    b) la textura del cabello
    c) el color del cabello
    d) el origen étnico de la
       persona   _____

39. El cabello más grueso (de mayor densidad) generalmente
    se encuentra en las personas con:
    a) cabello negro
    b) cabello rubio
    c) cabello pelirrojo
    d) cabello castaño   _____

40. El cabello con baja porosidad se considera:
    a) normal
    b) excesivamente poroso
    c) resistente
    d) ideal   _____

41. El cabello con elevada porosidad generalmente es consecuencia de:
    a) cepillar el cabello antes de lavarlo con shampoo
    b) las pruebas de mechón
    c) los tratamientos excesivos
    d) los tratamientos acondicionadores

    _____

42. El cabello húmedo con elasticidad normal se estirará hasta un ___ de su largo original y regresará a la misma longitud sin quebrarse.
    a) 10%
    b) 100%
    c) 50%
    d) 25%

    _____

43. El cabello que fluye en la misma dirección se denomina:
    a) remolino
    b) flujo de cabello
    c) flujo del folículo
    d) mechón parado

    _____

44. El cabello y cuero cabelludo secos son provocados por:
    a) las glándulas sebáceas hiperactivas
    b) los servicios químicos
    c) la superproducción de sebo
    d) las glándulas sebáceas inactivas

    _____

45. Todas las características siguientes se aplican al vello, con excepción de:
    a) es más abundante en los hombres
    b) se encuentra en los niños
    c) no posee médula
    d) no tiene pigmentación

    _____

46. Los cambios hormonales durante la pubertad hacen que algunas partes de vello sean reemplazadas por:
    a) lanugo
    b) vello terminal
    c) cabello canoso
    d) médulas

    _____

47. Las tres fases del crecimiento del cabello son anágeno, catágeno y:
    a) fase de crecimiento
    b) biógeno
    c) transición
    d) telógeno

    _____

48. La fase de crecimiento del ciclo de crecimiento del cabello se denomina:
    a) anágeno
    b) telógeno
    c) catágeno
    d) transición

    _____

49. El canal del folículo se contrae y separa de la papila dérmica durante la:
    a) fase telógeno
    b) fase anágeno
    c) fase catágeno
    d) fase final
    _____

50. Aproximadamente el __ del cabello del cuero cabelludo está creciendo en la fase anágeno en un determinado momento.
    a) 90%
    b) 10%
    c) 1%
    d) 50%
    _____

51. La fase de crecimiento del cabello que dura menos tiempo es la:
    a) fase telógeno
    b) fase catágeno
    c) fase anágeno
    d) fase inactiva
    _____

52. La fase de descanso del ciclo de crecimiento del cabello se denomina:
    a) catágeno
    b) biógeno
    c) telógeno
    d) anágeno
    _____

53. Aproximadamente el __ del cabello se encuentra en la fase de descanso en un determinado momento.
    a) 50%
    b) 75%
    c) 90%
    d) 10%
    _____

54. Un mito común acerca del cabello es:
    a) la queratina es una proteína
    b) el masaje en el cuero cabelludo aumenta el crecimiento del cabello
    c) el cabello fino puede no tener médula
    d) el cabello se reemplaza diariamente
    _____

55. El cabello canoso es exactamente igual al cabello pigmentado excepto que éste:
    a) no posee melanina
    b) es más resistente
    c) es más grueso
    d) no posee resistencia
    _____

56. La pérdida de entre 35 y 40 cabellos al día se considera:
    a) peligrosa
    b) normal
    c) anormal
    d) inusual
    _____

57. La pérdida anormal del cabello se denomina:
    a) hipertricosis
    b) tricoptilosis
    c) alopecia
    d) canosidad
    _____

58. El cabello del cliente debe ser _____ antes de cualquier servicio.
    a) secado totalmente
    b) desinfectado
    c) analizado
    d) lavado con shampoo
    _____

59. A los 35 años, casi el __ por ciento de los hombres y mujeres padecen algún grado de pérdida del cabello.
    a) 40
    b) 10
    c) 95
    d) 25
    _____

60. En los hombres la típica forma de herradura se denomina:
    a) calvicie en forma de herradura
    b) patrón de calvicie de flequillo
    c) calvicie en la cúpula
    d) patrón de calvicie masculino
    _____

61. La miniaturización del vello terminal contribuye a:
    a) las canas
    b) la alopecia androgénica
    c) la alopecia areata
    d) la alopecia posparto
    _____

62. El tipo de alopecia caracterizada por la caída repentina del cabello en parches redondos o calvicie en manchas se denomina:
    a) alopecia androgénica
    b) alopecia areata
    c) alopecia posparto
    d) canas
    _____

63. En las mujeres, la alopecia androgénica ser revela como:
    a) adelgazamiento general del cabello de la coronilla
    b) pérdida gradual del cabello lateral
    c) retroceso del contorno del cuero cabelludo frontal
    d) pérdida de cabello en toda la cabeza
    _____

64. La pérdida del cabello al concluir un embarazo se denomina:
    a) alopecia completa
    b) alopecia posparto
    c) alopecia areata
    d) alopecia androgénica
    _____

65. La medicación tópica aplicada al cuero cabelludo que probó estimular el crecimiento del cabello es:
    a) el alumbre
    b) el folicidil
    c) la finasterida
    d) el minoxidil
    _____

48

66. De los otros dos productos que probaron estimular el crecimiento del cabello, la droga de prescripción oral se denomina:
    a) alumbre
    b) minoxidil
    c) hipoclorito de sodio
    d) finasterida
    _____

67. La finasterida no se prescribe a las mujeres por su amplio potencial de provocar:
    a) defectos de nacimiento
    b) pérdida de peso excesiva
    c) pérdida excesiva del cabello
    d) crecimiento excesivo del cabello
    _____

68. Entre los diversos tratamientos para la pérdida del cabello, los implantes de cabello son:
    a) el tratamiento tópico
    b) el tratamiento quirúrgico
    c) el tratamiento no médico
    d) el tratamiento oral
    _____

69. Los implantes de cabello pueden ser transplantados por:
    a) cosmetólogos
    b) esteticistas
    c) cirujanos
    d) barberos
    _____

70. El término técnico para el cabello canoso es:
    a) alopecia areata
    b) pitiriasis
    c) canas
    d) fragilitas crinium
    _____

71. El tipo de canas que existe en o antes del nacimiento se denomina:
    a) canas comunes
    b) canas infantiles
    c) canas congénitas
    d) canas adquiridas
    _____

72. El tipo de canas que se desarrollan con la edad y resultan de la genética se denomina:
    a) canas de comienzo de la madurez
    b) canas congénitas
    c) canas adquiridas
    d) canas comunes
    _____

73. El cabello en franjas es una variedad de:
    a) tinea capitis
    b) canas
    c) alopecia
    d) hipertricosis
    _____

74. El término técnico para el cabello con engrosamientos y estrecheces es:
    a) hipertricosis
    b) pitiriasis
    c) tricoptilosis
    d) monilétrix
    _____

75. El término técnico para las puntas abiertas es:
    a) tricoptilosis   c) tinea
    b) canas   d) fragilitas crinium   _____

76. El crecimiento anormal del cabello se denomina:
    a) pitiriasis   c) tricoptilosis
    b) alopecia   d) hipertricosis   _____

77. La dolencia caracterizada por fragilidad e hinchazones
    nodulares en el tallo del cabello se denomina:
    a) tricoptilosis   c) tinea capitis
    b) monilétrix   d) tricorrexia nudosa   _____

78. La depilación con cera, pinzas, afeitadora y electrólisis son
    algunos de los tratamientos para la:
    a) la alopecia androgénica   c) la hipertricosis
    b) la pitiriasis simple de la cabeza d) la tricorrexia nudosa   _____

79. La dolencia en la cual el cabello puede abrirse en cualquier
    parte del largo se denomina:
    a) pitiriasis   c) monilétrix
    b) tricoptilosis   d) fragilitas crinium   _____

80. La caspa seca, las escamas delgadas y el dolor del cuero
    cabelludo son típicos de:
    a) la tinea capitis   c) la pediculosis capitis
    b) la pitiriasis simple de la cabeza d) la pitiriasis esteatoide   _____

81. La pitiriasis esteatoide es una inflamación del cuero cabelludo
    caracterizada por la presencia de:
    a) caspa seca   c) pápulas rojas
    b) caspa grasosa o cerosa   d) costras similares a una
                                           taza amarillo azufre   _____

82. Los clientes con tinea capitis deben ser:
    a) derivados a un médico   c) higienizados y
                                           desinfectados
    b) derivados a un esteticista   d) tratados en el salón   _____

83. La tinea o tiña es provocada por:
    a) estafilococos   c) piojos
    b) parásitos vegetales   d) ácaros   _____

84. La tiña del cuero cabelludo también es conocida por el término técnico:
   a) escútulas
   b) tinea capitis
   c) pediculosis capitis
   d) tinea pedis
   _____

85. Las costras similares a una taza, secas y amarillo azufre del cuero cabelludo, denominadas escútulas son características de la:
   a) tinea capitis
   b) tinea favosa
   c) pitiriasis esteatoide
   d) pitiriasis simple de la cabeza
   _____

86. La enfermedad contagiosa de la piel provocada por el ácaro que se aloja debajo de la piel se denomina:
   a) pediculosis capitis
   b) sarna
   c) carbunco
   d) tinea favosa
   _____

87. La pediculosis capitis es la infestación del cabello y cuero cabelludo con:
   a) pulgas
   b) ácaros
   c) piojos
   d) hongos
   _____

88. La infección localizada también es conocida como:
   a) tiña
   b) tinea
   c) forúnculo
   d) sarna
   _____

89. La inflamación del tejido subcutáneo causada por estafilococos se denomina:
   a) tricoptilosis
   b) caspa seca
   c) pediculosis capitis
   d) carbunco
   _____

90. Prevenir la propagación de la tinea, pitiriasis e infecciones con estafilococos incluye la adecuada:
   a) higiene y desinfección
   b) medicación
   c) inoculación (vacunación)
   d) esterilización
   _____

Principios del diseño de peinados

1. Diseñar el peinado adecuado para su cliente comienza con:
   - a) la consulta a un compañero de trabajo
   - b) encontrar un modelo del agrado de su cliente
   - c) el análisis de la persona en su conjunto
   - d) mirar revistas de peluquería _____

2. Un factor importante para ser un buen diseñador de peinados es:
   - a) un sólido sentido visual
   - b) una personalidad complaciente
   - c) buenas habilidades de conversación
   - d) gran destreza _____

3. Una vez que posea una base firme en técnicas y habilidades estilísticas, podrá:
   - a) elegir sus clientes
   - b) correr riesgos calculados
   - c) apoyarse en sus logros
   - d) hacer sólo sus peinados favoritos _____

4. El elemento de forma describe:
   - a) las líneas horizontales
   - b) el contorno total del peinado
   - c) la dimensión del estilo
   - d) el patrón de ondulación _____

5. El término espacio en el diseño del peinado se refiere a:
   - a) la proporción
   - b) el volumen
   - c) la línea
   - d) la diagonal _____

6. La utilización de líneas curvadas en el diseño del peinado puede usarse para:
   - a) enfatizar las características satisfactorias
   - b) ocultar un mal corte
   - c) crear amplitud
   - d) suavizar un diseño _____

7. El uso de líneas repetidas, sean rectas o curvadas:
   a) crea un borde pronunciado
   b) brinda mayor interés al diseño
   c) se torna confuso
   d) crea un estilo largo y estrecho
   _____

8. Utilizando el color en el diseño del peinado, puede crear:
   a) la ilusión de mayor o menor volumen
   b) un flequillo
   c) patrones de ondulación inusuales
   d) un patrón de calidad rítmica lenta
   _____

9. Al elegir una nueva coloración, un punto a considerar es:
   a) el costo de la coloración
   b) el tono de piel del cliente
   c) la vestimenta del cliente
   d) el tipo de rostro
   _____

10. Los términos liso, ondulado y rizado describen:
    a) el patrón de ondulación
    b) la calidad rítmica
    c) el equilibrio
    d) el énfasis
    _____

11. Los patrones de ondulación pueden modificarse mediante el uso de:
    a) shampoo
    b) procesos de coloración
    c) tratamientos reacondicionadores
    d) sustancias químicas
    _____

12. Uno de los principios del diseño de peinados, la proporción, se refiere a:
    a) la simetría
    b) el patrón de movimiento recurrente
    c) la relación entre el cabello, la cara y el tipo de cuerpo
    d) las líneas horizontales
    _____

13. Usar un diseño del peinado asimétrico resulta eficaz al:
    a) peinar cabello liso y fino
    b) aumentar el volumen
    c) equilibrar un tipo de cuerpo grande
    d) equilibrar las características faciales
    _____

14. La ornamentación es un método apasionante de crear:
    a) énfasis
    b) calidad rítmica
    c) líneas repetidas
    d) nuevos patrones de ondulación
    _____

15. El estilo armónico crea una apariencia:
    a) a la moda
    b) proporcionada
    c) simple
    d) adornada
    _____

16. Al analizar las características de su cliente, puede estilizar el diseño para:
    a) disimular la textura del cabello
    b) crear más altura
    c) resaltar los puntos fuertes y minimizar los puntos débiles
    d) enfatizar el tipo de rostro   _____

17. Fina, media y gruesa son cualidades que se refieren a:
    a) la proporción
    b) la textura del cabello
    c) la forma cóncava
    d) el patrón de ondulación   _____

18. El cabello liso y fino crea una silueta:
    a) algo voluminosa
    b) adecuada para todas las personas
    c) cóncava
    d) pequeña y estrecha   _____

19. El tipo de cabello más versátil para peinar es:
    a) rizado, grueso
    b) rizado, fino
    c) liso, medio
    d) ondulado, medio   _____

20. Si no se modela adecuadamente, puede generarse una silueta muy amplia con el cabello:
    a) medio y liso
    b) ondulado y fino
    c) ondulado y grueso
    d) fino y liso   _____

21. El cabello liso y grueso posee algo de volumen pero:
    a) es difícil de rizar
    b) es muy frágil
    c) tiende a separarse
    d) es volátil   _____

22. Cuando el cabello está demasiado largo, pueden aparecer separaciones que muestran demasiado cuero cabelludo si el cabello es:
    a) extremadamente rizado y medio
    b) rizado y fino
    c) ondulado y medio
    d) fino y liso   _____

23. La silueta más amplia se encuentra en:
    a) el cabello extremadamente rizado y grueso
    b) el cabello liso y medio
    c) el cabello ondulado y fino
    d) el cabello rizado y medio   _____

24. La forma de la cara se determina por:
    a) la posición y prominencia de los huesos faciales
    b) las medidas
    c) la proporción de la frente
    d) el contorno del cuero cabelludo   _____

25. Se considera que el tipo de rostro generalmente reconocido como ideal es:
    a) convexo
    b) alargado
    c) en forma de diamante
    d) ovalado
    _____

26. A los fines del diseño, las tres zonas de la cara se extienden de la frente hasta las cejas, del extremo de la nariz a la parte inferior de la barbilla y:
    a) de oreja a oreja
    b) de la frente hasta el extremo de la nariz
    c) de las cejas hasta el extremo de la nariz
    d) de la nariz al labio superior
    _____

27. Entre las formas de la cara se encuentra la:
    a) trapezoidal
    b) fina
    c) voluminosa
    d) de triángulo invertido
    _____

28. Si su cliente posee una frente estrecha, es recomendable que usted:
    a) use flequillo
    b) cree una división central
    c) dirija el cabello hacia adelante sobre los costados de la frente
    d) peine el cabello lejos de la frente
    _____

29. Al peinar un cliente con mandíbula larga, el cabello debe:
    a) tener volumen y caer debajo de la mandíbula
    b) estar cortado del largo de las orejas
    c) estar equilibrado simétricamente
    d) estar lejos de la cara
    _____

30. El perfil es el contorno del rostro o figura como se ve desde:
    a) la vista frontal
    b) un espejo
    c) una fotografía
    d) la vista lateral
    _____

31. Existen tres tipos básicos de perfil: recto, convexo y:
    a) cóncavo
    b) prominente
    c) asimétrico
    d) conciso
    _____

32. Si su cliente posee un perfil convexo, el cabello en el área de la barbilla debe:
    a) caer recto
    b) moverse hacia arriba
    c) estar rizado firmemente
    d) moverse hacia adelante
    _____

33. Al peinar a un cliente con frente grande:
    a) use flequillos con mucho volumen
    c) lleve el cabello lejos de la cara
    b) use flequillos sin volumen
    d) suavice la línea de la barbilla _____

34. Si su cliente posee barbilla grande, asegúrese de que el cabello está:
    a) sobre o debajo de la línea de la barbilla
    c) cortado recto en la línea de la barbilla
    b) dirigido hacia delante en la zona de la barbilla
    d) en la línea de la barbilla _____

35. Cuando el cliente usa anteojos, esto afectará a su diseño del cabello:
    a) alrededor de las orejas
    c) en la línea de la barbilla
    b) en la frente
    d) en la nuca _____

36. Las tres partes básicas del flequillo son triangular, curvada y:
    a) cóncava
    c) de transición
    b) diagonal
    d) en zigzag _____

37. Usar una división lateral ayuda a:
    a) disminuir el volumen
    c) equilibrar una cara asimétrica
    b) crear un efecto espectacular
    d) desarrollar altura en la parte superior _____

38. Al realizar la consulta con un cliente de sexo masculino, recomiende estilos que sean:
    a) no muy femeninos
    c) cortos
    b) conservadores
    d) atractivos y adecuados _____

39. Puede disimular una barbilla poco prominente en un cliente de sexo masculino con:
    a) un estilo afeitado prolijo
    c) cabello más largo
    b) unas patillas
    d) una barba voluminosa y bigote _____

40. Un cliente calvo de sexo masculino puede verse bien con:
    a) una barba bien acicalada y bigote
    c) patillas peludas
    b) una barba voluminosa y bigote
    d) una división lateral _____

Lavado con shampoo, enjuague y acondicionamiento

1. El objetivo principal del lavado con shampoo en el salón es:
   a) vender productos
   b) humedecer el cabello antes del servicio
   c) ayudar al cliente a relajarse
   d) limpiar el cabello y el cuero cabelludo _____

2. Al elegir un shampoo, tenga en cuenta:
   a) el humectante del shampoo
   b) la altura del lavamanos
   c) el precio y la ganancia
   d) la condición del cabello del cliente _____

3. El nivel de pH es un indicador de:
   a) la sedimentación
   b) el nivel de filtración
   c) el nivel de oxígeno
   d) si una solución es ácida o alcalina _____

4. Jheri Redding fue el primero de la industria de los salones en comercializar "shampoos con pH equilibrado" que eran:
   a) básicos
   b) neutros
   c) más ácidos
   d) más alcalinos _____

5. El agua dulce se purifica:
   a) por sedimentación y filtración
   b) con ablandadores de agua
   c) agregándole minerales
   d) agregándole sustancias químicas _____

6. La blandura o dureza del agua se relaciona con:
   a) el volumen
   b) el origen del agua
   c) el peso del agua
   d) la cantidad de minerales existentes _____

7. El principal ingrediente del shampoo es:
   a) hidratante
   c) surfactante
   b) agua purificada
   d) agua dura   _____

8. La eficacia de los surfactantes se debe a:
   a) la molécula del surfactante
   c) los compuestos de amoníaco
   b) los aditivos vitamínicos
   d) los ingredientes basados en las proteínas   _____

9. Las moléculas del surfactante trabajan:
   a) arrastrando los aceites x en las proteínas al agua
   c) separando el aceite y el agua
   b) aumentando el pH del cabello
   d) deionizando el agua   _____

10. El mayor gasto de dinero en productos para el cuidado del cabello se invierte en:
    a) shampoo
    c) acondicionadores
    b) geles fijadores
    d) coloración   _____

11. El pH en el shampoo de equilibrio ácido es:
    a) igual al del agua pura
    c) igual al de los tratamientos químicos
    b) tan alto como sea posible
    d) entre un 4,5 y un 5,5   _____

12. Los shampoos acondicionadores contienen agentes que restauran la humedad y elasticidad y:
    a) alivian las dolencias del cuero cabelludo
    c) quitan el color artificial
    b) eliminan la acumulación de sustancias
    d) aumentan el volumen   _____

13. Los shampoos medicados pueden resultar muy fuertes y en algunos casos:
    a) retirar la suciedad y el aceite al peinarse
    c) mejorar la docilidad
    b) aumentar el brillo
    d) deben permanecer en contacto con el cuero cabelludo por un tiempo más prolongado   _____

14. Los shampoos de limpieza profunda contienen ingredientes ácidos:
    a) para reducir la caspa
    c) que son muy convenientes
    b) para disminuir el brillo
    d) para eliminar la acumulación de productos   _____

15. Se recomienda el shampoo en seco:
    a) para lograr un cabello más brillante
    b) para personas mayores
    c) antes de tratamientos químicos
    d) para reparar el cabello dañado _____

16. Un shampoo que combina una base surfactante con colores básicos es un:
    a) shampoo terapéutico
    b) shampoo medicado
    c) shampoo de equilibrio ácido
    d) shampoo para realzar el color _____

17. Un remedio temporal para el cabello que se siente seco o está efectivamente dañado es un:
    a) shampoo medicado
    b) acondicionador
    c) shampoo en seco
    d) shampoo para realzar el color _____

18. La textura y estructura del cabello se controla con:
    a) un proceso químico
    b) la herencia, la salud y la dieta
    c) acondicionadores
    d) acondicionadores para el cuero cabelludo _____

19. Los acondicionadores con enjuague de acabado son útiles:
    a) para tratamientos acondicionadores profundos
    b) para mejorar la calidad del crecimiento del cabello nuevo
    c) como protección contra roturas
    d) para desenredar el cabello luego del lavado _____

20. Para reparación y tratamiento, los acondicionadores de penetración profunda se deja en el cabello:
    a) de 30 a 40 minutos
    b) de 10 a 20 minutos
    c) varias horas
    d) de 5 a 10 minutos _____

21. La mayoría de los acondicionadores contienen:
    a) humectantes
    b) moléculas hidrófilas
    c) ácido cítrico
    d) surfactantes _____

22. La cutícula del cabello es la capa más externa del cabello y está formada por:
    a) aceites protectores
    b) escamas superpuestas
    c) mechones largos
    d) escamas de melanina _____

23. Los acondicionadores instantáneos poseen un pH que varía entre 3,5 a 6,0 y se usan para:
    a) recuperar el equilibrio del pH
    b) eliminar la acumulación de aceite del cuero cabelludo
    c) agregar una pequeña cantidad de color
    d) mejorar la condición del cuero cabelludo _____

24. La loción astringente para el cuero cabelludo es un agente acondicionador que se aplica al cuero cabelludo para:
    a) eliminar la acumulación de aceite
    b) favorecer la curación
    c) suavizar el cuero cabelludo
    d) hidratar el cuero cabelludo _____

25. En la fórmula de los hidratantes se incluyen compuestos de amonio cuaternario, por su capacidad para:
    a) adherirse a las fibras del cabello
    b) desenredar el cabello
    c) favorecer la curación del cuero cabelludo
    d) penetrar la corteza _____

26. Para aumentar ligeramente el diámetro del cabello, utilice un:
    a) acondicionador con proteínas
    b) desenredantes
    c) un cepillo rígido para el cabello
    d) crema de enjuague _____

27. Los acondicionadores con proteínas están diseñados para:
    a) hacer que un mal corte se vea bien
    b) eliminar un tono no deseado de color
    c) penetrar la corteza
    d) mejorar la calidad de crecimientos nuevos _____

28. El cabello tratado con un acondicionador con proteínas concentrado tiene las siguientes características, excepto:
    a) porosidad equilibrada
    b) mejor calidad del nuevo crecimiento del cabello
    c) mejor aspecto
    d) mejor elasticidad _____

29. Los tratamientos acondicionadores profundos son la terapia elegida cuando se requiere ___ .
    a) acondicionamiento del cuero cabelludo
    b) protección térmica
    c) un mismo grado de hidratación y tratamiento con proteínas
    d) desenredar el cabello _____

30. Para proteger el cabello de los efectos dañinos del secador y los rulos eléctricos, use:
    a) protectores térmicos en spray
    b) acondicionadores para el cuero cabelludo
    c) un tratamiento con proteínas
    d) máscaras para el cabello _____

31. Si un cliente tiene el cuero cabelludo seco, se puede mitigar la dolencia con:
    a) una máscara para el cabello
    b) un desenredante
    c) un tratamiento con proteínas
    d) un acondicionador para el cuero cabelludo _____

32. Los siguientes productos son recomendables para un cliente con cabello fino y liso, excepto:
    a) shampoo para otorgar volumen
    b) shampoo hidratante
    c) tratamientos con proteínas
    d) desenredante _____

33. Los siguientes productos son recomendables para un cliente con cabello seco y dañado, excepto:
    a) shampoo limpiador suave
    b) protectores térmicos en spray
    c) acondicionador suave sin enjuague
    d) shampoo de equilibrio ácido _____

34. El correcto cepillado del cabello estimula la circulación sanguínea hacia el cuero cabelludo y ayuda a:
    a) masajear el cuero cabelludo
    b) eliminar enredos
    c) aflojar escamas del cuero cabelludo
    d) eliminar polvo, suciedad y la acumulación de spray _____

35. El cepillado debe formar parte de la mayoría de los servicios de peluquería excepto antes de un:
    a) servicio químico
    b) tratamiento para el cuero cabelludo
    c) masaje del cuero cabelludo
    d) lavado con shampoo _____

36. Los cepillos más recomendables para el cabello son aquellos hechos de:
    a) alambre con puntas de goma
    b) cerdas naturales
    c) cerdas muy separadas
    d) cerdas de nylon _____

37. El mejor método para el cepillado del cabello es:
    a) cepillar zonas al azar
    b) dividir el cabello en secciones
    c) cepillar enérgicamente el cuero cabelludo
    d) concentrarse en las puntas _____

38. Un método para brindar estimulación al cuero cabelludo es:
    a) una máscara facial
    b) un acondicionador para el cuero cabelludo
    c) un peinado vigoroso
    d) un masaje _____

39. El masaje para el cuero cabelludo es un servicio adicional que hará que sus clientes regresen a su salón, y para conseguir el éxito es importante:
   a) tener manos fuertes
   b) conocer la ubicación de los vasos
   c) tener capacitación médica
   d) hacerlo una o dos veces al año sanguíneos _____

40. Las técnicas de manipulación del cuero cabelludo incluyen a todas las siguientes, excepto:
   a) movimiento deslizante
   b) movimiento rápido de ojos
   c) movimiento de la columna vertebral y rotatorio
   d) movimiento de relajación _____

41. La regla más importante a recordar en relación con la postura al lavar el cabello es:
   a) permitir que su abdomen se relaje
   b) inclinarse sobre el cliente
   c) mantener los hombros hacia atrás
   d) inclinar la espalda _____

42. Los siguientes materiales se utilizan rutinariamente al realizar un servicio de lavado con shampoo, excepto:
   a) una lámpara infrarroja
   b) un peine y cepillo para el cabello
   c) una capa de lavado
   d) toallas _____

43. Parte de la preparación para el lavado con shampoo incluye:
   a) aplicar un vaporizador para el cuero cabelludo
   b) examinar el cabello y el cuero cabelludo
   c) aplicar una lámpara infrarroja
   d) cepillar el cabello durante 15 minutos _____

44. Al realizar un servicio de lavado con shampoo, una consideración importante es:
   a) la temperatura del agua
   b) los puntos de nervios en el cuello
   c) el costo del shampoo
   d) un enjuague frío _____

45. Al manipular el cuero cabelludo durante un lavado con shampoo, ejerza una firme presión si:
   a) el cuero cabelludo del cliente es delicado
   b) esté brindando un servicio químico
   c) el cliente le pide que realice menos presión
   d) el cliente tiene su cabello y el cuero cabelludo saludables _____

46. Luego de aplicar pequeñas cantidades de shampoo, el siguiente paso en el procedimiento del lavado con shampoo es:
    a) manipular el cuero cabelludo
    b) ajustar el volumen del agua
    c) enjuagar cuidadosamente
    d) escurrir el exceso de agua del cabello

    _____

47. Parte del proceso de limpieza e higiene al final del lavado con shampoo es:
    a) cepillar toda el área
    b) fregar el piso
    c) desinfectar peines y cepillos
    d) hervir todos los peines y cepillos

    _____

48. Luego de lavar con shampoo y enjuagar, el siguiente paso es:
    a) analizar la condición del cabello y del cuero cabelludo
    b) realizar un cepillado minucioso
    c) aplicar un acondicionador
    d) realizar un masaje del cuero cabelludo

    _____

49. Luego de aplicar acondicionador:
    a) distribúyalo con un peine por el cabello
    b) enjuáguelo inmediatamente
    c) el cabello estará listo para el péinelo
    d) peinarlo con un peine de dientes finos

    _____

50. Cuando aplique un tratamiento acondicionador profundo, es posible que deba:
    a) enjuagarlo inmediatamente
    b) envolver el cabello en toallas calientes
    c) colocar al cliente bajo un secador de calor
    d) mantener al cliente en una posición reclinada

    _____

51. Luego del lavado con shampoo, el cabello tratado químicamente tiende a:
    a) ser más fuerte
    b) ser graso
    c) enredarse
    d) no tener cuerpo

    _____

52. Comience con un lavado con shampoo, un cepillado y un masaje del cuero cabelludo cuando realice:
    a) realces
    b) alisado químico
    c) peinados
    d) coloración en un solo paso

    _____

53. Cuando use shampoo en seco para un cliente con un problema de salud, deberá aplicarlo:
    a) directamente sobre el cabello
    b) en las puntas
    c) sólo sobre el cuero cabelludo
    d) antes de peinar

    _____

54. Cuando ofrezca servicios a clientes con necesidades especiales, siempre:
    a) use shampoo en seco
    b) lave en la fuente
    c) solicíteles que se laven con shampoo en su casa
    d) pregúnteles acerca de sus preferencias _____

55. El propósito de un tratamiento general para el cuero cabelludo es:
    a) realizar un examen del cuero cabelludo
    b) eliminar aceite del cuero cabelludo
    c) curar enfermedades del cuero cabelludo
    d) mantener el cuero cabelludo limpio y sano _____

56. Los siguientes son pasos a seguir al realizar tratamientos para cabello y cuero cabelludo normales, excepto:
    a) aplicar una lámpara infrarroja
    b) cepillar enérgicamente el cuero cabelludo
    c) cepillar el cabello durante cinco minutos
    d) aplicar acondicionador para el cuero cabelludo _____

57. Se recomienda un tratamiento para cabello y cuero cabelludo seco para:
    a) una deficiencia de la oleosidad natural
    b) un cabello normal
    c) una acumulación de sebo
    d) una enfermedad del cuero cabelludo _____

58. Un artefacto útil para el tratamiento del cabello y cuero cabelludo seco es:
    a) un vaporizador para el cuero cabelludo
    b) una tenacilla de rizar
    c) un secador
    d) una lámpara infrarroja _____

59. Sobar el cuero cabelludo para aumentar la circulación sanguínea es útil para:
    a) tratar una enfermedad del cuero cabelludo
    b) tratar la caspa
    c) normalizar glándulas sebáceas extremadamente activas
    d) equilibrar una deficiencia de sebo _____

60. Durante un tratamiento contra la caspa, una terapia eficaz consiste en aplicar:
    a) un tratamiento acondicionador profundo
    b) un vaporizador para el cuero cabelludo
    c) alisadores químicos
    d) corriente de alta frecuencia _____

Corte de cabello

1. En un corte se establecen líneas de diseño proporcionales usando:
   - a) puntos de referencia
   - b) ángulos de elevación
   - c) líneas de corte
   - d) subsecciones
   _____

2. El punto más alto de la cabeza se denomina:
   - a) vértice
   - b) hueso occipital
   - c) coronilla
   - d) surco parietal
   _____

3. El área más ancha de la cabeza, también conocido como zona de la cresta, se denomina:
   - a) hueso occipital
   - b) cuatro esquinas
   - c) surco parietal
   - d) coronilla
   _____

4. El hueso que sobresale de la base del cráneo es el:
   - a) hueso hioides
   - b) hueso occipital
   - c) vértice
   - d) hueso parietal
   _____

5. Las dos áreas frontales representan los puntos más anchos:
   - a) del área de la coronilla
   - b) de la zona del flequillo
   - c) del área del vértice
   - d) de la zona de la nuca
   _____

6. La zona entre el vértice y la parte posterior del surco parietal es:
   - a) la parte superior
   - b) la coronilla
   - c) la frente
   - d) la zona de los lados
   _____

7. La zona del flequillo, cuando se la peina con su caída natural, no va más allá de:
   a) las esquinas exteriores de la nariz
   b) detrás de las orejas
   c) la punta de las orejas
   d) las esquinas exteriores de los ojos
   _____

8. Se puede ubicar la parte superior de la cabeza haciendo una división del cabello:
   a) en el surco parietal
   b) a la mitad
   c) de oreja a oreja
   d) en el hueso occipital
   _____

9. Las líneas rectas que son paralelas al horizonte o al piso se denominan:
   a) líneas verticales
   b) líneas en ángulo
   c) líneas horizontales
   d) líneas diagonales
   _____

10. La técnica en la que se recortan las puntas del cabello en forma ligeramente afilada utilizando líneas diagonales se denomina:
    a) división en secciones
    b) corte recto
    c) tallado
    d) desfilar
    _____

11. Las zonas de trabajo uniformes en que se divide el cabello para tener un mejor control se denominan:
    a) ángulos
    b) elevaciones
    c) secciones guía del cabello
    d) secciones
    _____

12. El ángulo o grado en que se sostiene una subsección de cabello al realizar el corte sobre la cabeza se denomina:
    a) cambiar la dirección natural del pelo
    b) escalonamiento
    c) división
    d) elevación
    _____

13. Al elevar el cabello por debajo de los 90 grados, se está:
    a) creando un rizo
    b) cortando el cabello en capas
    c) generando peso
    d) quitando peso
    _____

14. La regla básica indica que mientras más se eleve el cabello, se obtendrá ___.
    a) más escalonamiento
    b) más secciones
    c) menos escalonamiento
    d) menor tensión
    _____

15. La sección de cabello que determina el largo de cabello a cortar se denomina:
    a) elevación
    b) división
    c) línea de corte
    d) sección guía del cabello   _____

16. Una sección guía del cabello inmóvil durante el avance del corte se denomina:
    a) guía para cortes escalonados
    b) línea interna
    c) primera sección guía del cabello
    d) guía para cortes rectos   _____

17. Una guía para cortes que se mueve a medida que el corte avanza es una:
    a) guía para cortes escalonados
    b) línea interna
    c) sección guía de contorno del cabello
    d) guía para cortes rectos   _____

18. La línea de corte es el ángulo en que:
    a) se divide el cabello en secciones
    b) se sostiene el cabello
    c) se mueve la guía para cortes escalonados
    d) se sostienen los dedos durante el corte   _____

19. Al peinar una sección en otra posición que no sea su caída natural hacia una sección guía del cabello en lugar de alejarla de la cabeza, se denomina:
    a) baja elevación
    b) elevación a 90 grados
    c) cambiar la dirección
    d) elevación a 45 grados   _____

20. Cuando se cambia la dirección natural del pelo para crear un aumento de longitud o peso en un corte, se utiliza una:
    a) guía para cortes escalonados
    b) sección para cortes escalonados
    c) línea de peso
    d) guía para cortes rectos   _____

21. Cuando se crean ___, se emplea una guía para cortes escalonados sin cambiar la dirección natural del pelo para crear la misma longitud a lo largo de todo el corte.
    a) capas largas
    b) cortes rectos
    c) cortes graduados
    d) capas uniformes   _____

22. Cuando se seca, el cabello encoge aproximadamente:
    a) de 0,6 a 1,2 cm.
    b) de 1,2 a 5,08 cm.
    c) de 1,2 a 2,5 cm.
    d) de 0,3 a 0,6 cm.   _____

23. Cuando se seca, el cabello rizado encoge aproximadamente:
    a) de 1,2 a 5,08 cm.   c) de 0,6 a 1,2 cm.
    b) de 0,3 a 0,6 cm.   d) de 1,2 a 2,5 cm.   _____

24. La dirección en que el cabello crece desde el cuero cabelludo
    se denomina:
    a) patrón de crecimiento   c) patrón de ondulación
    b) dirección del cabello   d) patrón de caída   _____

25. Una parte importante de la consulta con el cliente antes de un
    corte corresponde al análisis:
    a) del color del cabello   c) del color de los ojos
    b) de la forma del rostro   d) de los tonos de la piel   _____

26. Las cinco características que determinan el comportamiento
    del cabello son: densidad, textura, patrón de ondulación,:
    a) contorno del cuello cabelludo   c) largo del cabello y color
       y patrón de crecimiento
    b) color del cabello y patrón de   d) contorno del cuero   _____
       crecimiento   cabelludo y largo del
                                           cabello

27. La textura del cabello se basa en:
    a) la elasticidad del cabello   c) la condición del cabello
    b) el diámetro de cada mechón   d) el tipo de rizado del cabello   _____
       de cabello

28. El patrón de ondulación es la cantidad de __ del mechón
    de cabello.
    a) elasticidad   c) textura
    b) movimiento   d) largo   _____

29. La herramienta utilizada para lograr cortes rectos o líneas rectas
    en el cabello es:
    a) una navaja   c) una maquinilla
    b) unas tijeras de entresacar d) unas tijeras para corte
                                     de cabello   _____

30. Cuando se desea lograr un efecto más suave en las puntas
    del cabello, la herramienta usada generalmente es:
    a) unas tijeras de entresacar c) una navaja
    b) una maquinilla pequeña   d) unas tijeras para corte
                                     de cabello   _____

31. El peine generalmente utilizado en la técnica de corte del cabello sobre el peine es el:
    a) peine de barbero
    b) peine de estilo
    c) peine de dientes anchos
    d) peine para corte de cabello   _____

32. La herramienta utilizada principalmente para reducir el volumen del cabello se denomina:
    a) tijeras de entresacar
    b) tijeras para corte de cabello
    c) maquinillas
    d) navaja   _____

33. En general, la mano que hace la mayoría del trabajo en el corte de cabello es:
    a) la mano de sostén
    b) la mano no dominante
    c) la mano más débil
    d) la mano de corte   _____

34. Cuando se sostienen las tijeras, el dedo anular se coloca en:
    a) el apoyo para el dedo
    b) el apoyo
    c) el orificio para el dedo de la hoja móvil
    d) el orificio para el dedo de la hoja fija   _____

35. Al peinar el cabello durante un corte, es necesario:
    a) sostener las tijeras en la palma de la mano
    b) sostener el peine en la mano no dominante
    c) dejar el peine mientras se corta
    d) dejar las tijeras mientras se peina   _____

36. Cuando se sostienen las tijeras con el mango más alto que el vástago, el dedo meñique se coloca en:
    a) el mango
    b) el orificio para el pulgar
    c) el apoyo
    d) el vástago   _____

37. Los dientes finos del peine de estilo se utilizan para:
    a) peinar y dividir el cabello
    b) desenredar el cabello húmedo
    c) peinar una subsección antes de cortar
    d) sostener el cabello a elevaciones altas   _____

38. La cantidad de presión aplicada al peinar y sostener una subsección de cabello se denomina:
    a) sostener en la palma
    b) tensión
    c) estrés
    d) elevación   _____

39. Cuando corte cabello liso con líneas precisas, utilice:
    a) una tensión variable   c) una tensión mínima
    b) cero tensión   d) una tensión máxima   _____

40. Al hacer cortes uniformes o de capas en aumento, la posición de la mano más comúnmente usada es:
    a) cortar debajo de los dedos   c) cortar palma a palma
    b) cortar por debajo de los nudillos   d) cortar sobre los dedos   _____

41. Cuando se corta una línea vertical o diagonal, la mejor manera de mantener el control de una subsección es:
    a) cortar palma a palma   c) cortar sobre los nudillos
    b) cortar sobre la palma   d) cortar sobre los dedos   _____

42. Una buena medida de seguridad e higiene es barrer el cabello cortado y desecharlo:
    a) antes de secar el cabello del cliente   c) mientras corta el cabello
    b) luego de secar el cabello del cliente   d) luego de que el cliente se haya marchado   _____

43. La hoja de su navaja debe ser cambiada:
    a) al final del día   c) antes de cada nuevo cliente
    b) al menos una vez por semana   d) cuando esté desafilada u oxidada   _____

44. El corte recto también se denomina:
    a) corte a 45 grados   c) corte a 180 grados
    b) corte a 90 grados   d) corte de elevación cero   _____

45. El corte graduado se hace normalmente con una elevación de:
    a) 0 grados   c) 180 grados
    b) 90 grados   d) 45 grados   _____

46. Un corte degradé largo se corta a:
    a) un ángulo de 45 grados   c) un ángulo de 180 grados
    b) un ángulo de 90 grados   d) un ángulo de 0 grados   _____

47. En un corte en capas, los extremos del cabello aparecen:
    a) más alejadas   c) de una sola longitud
    b) graduadas   d) más juntas   _____

48. El corte de cabello parcialmente húmedo y parcialmente seco le ofrecerá:
    a) una línea uniforme
    b) resultados predecibles
    c) resultados desparejos
    d) resultados consistentes
    _____

49. Controlar el largo de un corte dividiendo el cabello en el sentido opuesto al que se cortó se denomina:
    a) sostener las tijeras en la palma de la mano
    b) corte palma a palma
    c) partición cruzada
    d) división en secciones
    _____

50. Si utiliza particiones verticales para el corte, realice la partición cruzada de la longitud con las:
    a) tres separaciones
    b) separaciones verticales
    c) separaciones horizontales
    d) separaciones diagonales
    _____

51. Al inclinar la cabeza del cliente hacia delante mientras se hace un corte recto se logrará:
    a) un ligero escalonamiento de la línea
    b) una línea recta y uniforme
    c) un aspecto escalonado
    d) un borde dentado
    _____

52. Un corte clásico de melena en A se hace con una:
    a) elevación alta
    b) línea de corte diagonal
    c) línea de corte vertical
    d) elevación a 90 grados
    _____

53. En un corte en capas uniformes, todo el cabello está:
    a) cortado a la misma longitud
    b) cortado con una sección guía del cabello del perímetro
    c) elevado a 180 grados
    d) elevado a 45 grados
    _____

54. El cabello rizado posee un comportamiento distinto del cabello liso, por ejemplo, éste:
    a) sólo se debe cortar cuando está seco
    b) no se expande tanto
    c) se acomoda naturalmente en capas
    d) se encoge más una vez seco
    _____

55. Al cortar cabello rizado, se debe evitar usar:
    a) un peine de estilo
    b) tijeras
    c) maquinillas
    d) una navaja
    _____

56. El área del flequillo está aproximadamente entre:
    a) las esquinas interiores de los ojos
    b) los picos de las cejas
    c) los frentes de las orejas
    d) las esquinas exteriores de los ojos
    _____

57. El corte del cabello con navaja habitualmente brinda una apariencia más suave al cabello, en parte porque los extremos del cabello están cortados:
   a) en un ángulo
   b) por debajo de los dedos
   c) en líneas dentadas
   d) en forma transversal _____

58. Una manera en que el corte con navaja difiere del corte con tijeras es que:
   a) la guía está por encima de los dedos
   b) la guía está por debajo de los dedos
   c) las líneas diagonales no pueden ser cortadas
   d) sólo se pueden cortar líneas horizontales _____

59. No se deben usar navajas con:
   a) cabello seco
   b) cabello húmedo
   c) cabello liso
   d) cabello fino _____

60. El método para cortar el cabello donde los dedos y las tijeras se deslizan sobre el cabello para reducir el largo se denomina:
   a) despuntar
   b) corte de deslizamiento
   c) técnica de corte del cabello sobre el peine
   d) entresacar _____

61. Recortar partes del cabello a intervalos irregulares con la punta de las tijeras se denomina:
   a) corte de deslizamiento
   b) corte del cabello para quitar volumen
   c) desfilado
   d) tallado _____

62. Una técnica de barbería que ha saltado a la cosmetología es:
   a) el tallado
   b) el corte del cabello para quitar volumen
   c) la técnica de corte del cabello sobre el peine
   d) el corte de deslizamiento _____

63. Al usar la técnica de corte del cabello sobre el peine, el peine se sostiene:
   a) perpendicular a las tijeras
   b) en un ángulo a la cabeza
   c) perpendicular a la cabeza
   d) de plano sobre la cabeza _____

64. Al usar la técnica de corte del cabello sobre el peine, trabaje con áreas:
   a) no más anchas que el peine
   b) no más anchas que la hoja
   c) tan anchas como el peine
   d) al menos tan anchas como la hoja _____

65. En la técnica de corte del cabello sobre el peine, es importante recordar que:
   a) una hoja se mantiene perpendicular sobre el peine
   b) ambas hojas se mantienen en movimiento
   c) una hoja se mantiene quieta
   d) la hoja del pulgar se mantiene paralela al peine   _____

66. El proceso de eliminar volumen excesivo sin acortar el largo se denomina:
   a) elevación
   b) texturizar
   c) cambiar la dirección natural del pelo
   d) recortar   _____

67. Una técnica de texturización similar a la afeitadora sobre peine es:
   a) el corte de deslizamiento
   b) el corte del cabello con deslizamiento para quitar volumen
   c) la rotación de afeitadora
   d) el corte del cabello para quitar volumen   _____

68. Un término más moderno para "entresacar" es:
   a) reducir peso
   b) reducir textura
   c) reducir rizos
   d) reducir largo   _____

69. Entre las herramientas que se tienen a mano cuando se hace un corte con maquinilla, la que permite hacer un corte a exactamente la misma longitud en todo el cabello se denomina:
   a) tijeras de entresacar
   b) tijeras para corte de cabello
   c) guardas de longitud
   d) maquinilla pequeña   _____

70. La mejor manera de crear partes superiores planas o formas cuadradas muy cerca del cuero cabelludo es con:
   a) tijeras para corte de cabello
   b) una navaja
   c) maquinillas
   d) tijeras de dar textura   _____

71. En la técnica de maquinilla sobre peine, las maquinillas se mueven:
   a) de la parte inferior a la superior del peine
   b) transversalmente al cabello sobre el peine
   c) de costado al peine
   d) de la parte superior a la inferior del peine   _____

72. Cuando trabaje con maquinillas, especialmente en la nuca, trabaje siempre:
    a) con secciones grandes
    b) en dirección al patrón de crecimiento natural
    c) con el cabello húmedo
    d) en sentido opuesto al patrón de crecimiento natural

    _____

73. Las pequeñas maquinillas a batería utilizadas para limpiar el cuello y alrededor de las orejas son llamadas:
    a) desfiladoras
    b) afeitadoras
    c) terminadoras
    d) guardas

    _____

74. El peine usado con las maquinillas que le permite cortar el cabello muy corto y cerca de la cabeza es el:
    a) peine de barbero
    b) peine común
    c) peine de estilo
    d) peine de dientes anchos

    _____

75. El vello facial es muy:
    a) delgado
    b) grueso
    c) suave
    d) fino

    _____

Peluquería

1. El proceso de modelar y orientar el cabello en un diseño de ondas en forma de "S" utilizando los dedos, peines y loción para ondular se denomina:
   - a) ondulación con los dedos
   - b) fijación en húmedo
   - c) rizado térmico
   - d) ondulado térmico

   _____

2. La loción para ondular es un tipo de gel para el cabello usado en la ondulación con los dedos para mantener el cabello:
   - a) húmedo
   - b) seco
   - c) flexible
   - d) rígido

   _____

3. Una buena loción para la ondulación con los dedos es inocua para el cabello y:
   - a) debe ser usada abundantemente
   - b) se seca al tocarla
   - c) deja un residuo suave
   - d) no se escama al secarse

   _____

4. La loción para la ondulación con los dedos debe ser aplicada:
   - a) usando guantes
   - b) a un lado de la cabeza por vez
   - c) en toda la cabeza luego del lavado con shampoo
   - d) con un pincel

   _____

5. En una ondulación con los dedos, al presionar o empujar las crestas con los dedos producirá:
   - a) un cambio en la dirección natural de la cresta
   - b) ondas desparejas
   - c) separaciones
   - d) crestas mal orientadas

   _____

6. Las tres partes principales de los rizos con horquillas son base, tallo y:
   a) rizo
   b) médula
   c) onda
   d) círculo _____

7. La sección del rizo con horquilla entre la base y el primer arco es:
   a) el tallo
   b) el rizo
   c) el círculo
   d) la onda _____

8. La parte estacionaria de un rizo con horquillas es:
   a) el círculo
   b) el rizo
   c) la base
   d) el tallo _____

9. Un rizo apretado, firme y de larga duración es producido por:
   a) el rizo de tallo largo
   b) el rizo de tallo móvil
   c) el rizo de medio tallo
   d) el rizo sin tallo _____

10. El rizo de mayor movilidad se obtiene con:
    a) el rizo sin tallo
    b) el rizo de un cuarto de vuelta
    c) el rizo de tallo largo
    d) el rizo de medio tallo _____

11. Una sección de cabello moldeada con un movimiento circular en preparación a la formación de rizos se denomina:
    a) modelado
    b) división
    c) base
    d) sección _____

12. Los rizos de centro abierto producen:
    a) ondas que disminuyen su tamaño
    b) rizos uniformes
    c) volumen
    d) rizos que disminuyen su tamaño _____

13. Los rizos con horquillas que son buenos para cabellos finos y producen rizos esponjosos son:
    a) los rizos con horquillas en el sentido de las agujas del reloj
    b) los rizos con horquillas en sentido contrario a las agujas del reloj
    c) los rizos de centro cerrado
    d) los rizos de centro abierto _____

14. La base más común de rizos con horquilla que se pueden usar es:
    a) la base rectangular
    b) la base cuadrada
    c) la base triangular
    d) la base de arco   _____

15. En un modelado con rizos con horquillas, el rizo terminado no se ve afectado por:
    a) el tamaño del rizo
    b) la dirección del rizo
    c) la forma de la base
    d) la cantidad de cabello usado   _____

16. Los rizos con horquillas de base triangular se usan para:
    a) agregar peso
    b) evitar enredos
    c) mantener un estilo elevado suave
    d) evitar separaciones en el peinado terminado   _____

17. Las bases de rizos con horquillas adecuadas para peinados rizados sin demasiado volumen o elevación son:
    a) las bases de arco
    b) las bases cuadradas
    c) las bases rectangulares
    d) las bases circulares   _____

18. Una técnica importante para hacer rizos con horquillas es:
    a) el alistonado
    b) el extendido
    c) el modelado
    d) el apretado   _____

19. Los rizos con horquillas logrados con modelado y formados sin levantar el cabello de la cabeza se denominan:
    a) rizos de barril
    b) rizos planos
    c) rizos en cascada o parados
    d) rizos esculpidos   _____

20. Los rizos con horquillas están correctamente sujetos cuando:
    a) tienen sus centros cerrados
    b) la pinza cubre el círculo
    c) la pinza entra en el extremo abierto
    d) se usan dos pinzas   _____

21. Los rizos usados para crear una onda detrás de una cresta son denominados:
    a) ondas salteadas
    b) rizos de cresta
    c) ondas con los dedos
    d) ondas en el sentido de las agujas del reloj   _____

22. Dos hileras de rizos de cresta forman:
    a) rizos suaves
    b) una altura máxima
    c) un fuerte patrón de ondulación
    d) líneas suaves entre las ondas   _____

23. Los rizos con horquillas usados para brindar altura al peinado son:
    a) los rizos en cascada
    b) las ondas salteadas
    c) los rizos de cresta
    d) los rizos esculpidos
    _____

24. Los rizos de barril se sujetan a la cabeza en posición elevada sobre una:
    a) base de arco
    b) base rectangular
    c) base circular
    d) base triangular
    _____

25. Un rulo sostiene el equivalente a:
    a) 1/2 de un rizo parado
    b) cinco rizos parados
    c) dos a cuatro rizos parados
    d) un rizo parado
    _____

26. Los rulos difieren de los rizos con horquillas en varios aspectos, uno de ellos es que:
    a) ofrecen menos posibilidades
    b) trabajan el cabello sin tensión
    c) requieren más tiempo para dar forma de creatividad
    d) brindan un diseño más sólido
    _____

27. El panel del cabello sobre el cual se coloca el rulo se denomina:
    a) tallo
    b) base
    c) círculo
    d) rizo
    _____

28. El cabello entre el cuero cabelludo y el primer giro del rulo es:
    a) el círculo
    b) la base
    c) el rizo
    d) el tallo
    _____

29. La parte del rizo con rulo que determina el tamaño de la onda o del rizo es:
    a) la base
    b) el tallo
    c) el rizo o círculo
    d) la pinza
    _____

30. Si el cabello se envuelve 1 vuelta y media alrededor de un rulo, producirá:
    a) un rulo bien anclado
    b) rizos
    c) una forma en C
    d) una onda
    _____

31. Se obtendrá una onda en C si el cabello es envuelto alrededor del rulo:
    a) 1 vuelta y media
    b) una vuelta
    c) 2 vueltas y media
    d) cinco vueltas
    _____

32. El volumen obtenido en un peinado está determinado por el tamaño del rulo y por:
   a) la manera en que asienta sobre su base
   b) la cantidad de rulos utilizados
   c) la dirección del rizo
   d) las pinzas utilizadas _____

33. Un rizo con rulo en la base produce:
   a) un rizo vigoroso
   b) la menor cantidad de volumen
   c) un volumen medio
   d) un gran volumen _____

34. Para reducir el volumen de un conjunto de rulos, utilice el método:
   a) de extremo libre
   b) fuera de base
   c) en media base
   d) en la base _____

35. Un rulo suelto, mal ajustado en la cabeza, producirá:
   a) un diseño de mayor duración
   b) rizos más grandes
   c) roturas de cabello
   d) un diseño débil _____

36. Los rulos calientes y los rulos de velcro se utilizan:
   a) para obtener un volumen mínimo
   b) sólo en cabello húmedo
   c) sólo en cabello seco
   d) durante 30 minutos cada vez _____

37. El peinado inverso y cepillado inverso se utilizan para:
   a) quitar separaciones entre los rulos
   b) aflojar la fijación
   c) mantener el cabello cerca de la cabeza
   d) reducir el volumen _____

38. Rastrillado, acolchonado o enlazado francés son sinónimos para:
   a) el alisado
   b) el cepillado inverso
   c) el peinado
   d) el peinado inverso _____

39. La formación de collar es otro nombre para:
   a) el alisado
   b) el aflojado de fijación
   c) el cepillado inverso
   d) el peinado inverso _____

40. Una técnica utilizada para mantener flexibles y rectos los cabellos rizados o extremadamente rizados es:
   a) la envoltura de cabello
   b) la fijación en húmedo
   c) la ondulación con los dedos
   d) el enlazado francés _____

41. La parte de un secador de mano que dirige el chorro de aire más intensamente a una sección particular de cabello es:
    a) el difusor
    b) el concentrador
    c) el peine o pico
    d) el ventilador
    _____

42. El accesorio difusor de un secador de mano hace que el aire fluya:
    a) en todas direcciones
    b) a una temperatura más fría
    c) más suavemente
    d) a una temperatura más caliente
    _____

43. Es particularmente importante que la toma de aire en la parte posterior de un secador se mantenga:
    a) despejada
    b) cubierta
    c) obstruida
    d) fría
    _____

44. Los peines con dientes muy juntos:
    a) modelan secciones de cabello más grandes
    b) crean una mayor superficie texturada
    c) brindan una superficie lisa
    d) separan el cabello de la cabeza
    _____

45. Un cepillo clásico de estilo tiene:
    a) una base redondeada de goma
    b) una base ventilada
    c) una base generalmente ovalada
    d) una amplia base plana
    _____

46. El cepillo que generalmente es ovalado y tiene cerdas naturales o púas de cerdas y nylon combinadas es un:
    a) cepillo de panel blando
    b) cepillo de rastrillar
    c) cepillo para peinar
    d) cepillo ventilado
    _____

47. Los cepillos más pequeños redondos usados durante el secado:
    a) alisan el cabello
    b) separan el cabello del cuero cabelludo
    c) sesgan los extremos del cabello
    d) rizan más
    _____

48. Un producto modelador ligero, aireado y batido semejante a la espuma de afeitar es:
    a) el gel
    b) la cera
    c) la espuma
    d) el gel líquido
    _____

49. El producto de peluquería más utilizado es:
   a) el spray para el cabello   c) el gel líquido
   b) la espuma   d) la pomada   _____

50. Un producto de peluquería que agrega considerable peso al cabello es:
   a) la espuma   c) el gel líquido
   b) la pomada o cera   d) el gel siliconado _____

51. Las pautas para el secado de cabello incluyen orientar el secador:
   a) hacia al cuero cabelludo   c) hacia una sección hasta
                                      secarla
   b) en dirección contraria   d) desde el cuero cabelludo _____
      hacia las puntas a la que
      se ha peinado el cabello

52. Crear un recogido puede ser difícil si el cabello ha sido:
   a) secado con secador   c) rizado con rulos calientes
   b) lavado recientemente   d) prensado   _____

53. Otra forma de llamar al ondulado térmico es:
   a) presión del cabello   c) ondulado marcel
   b) ondulado Grateau   d) presionado térmico
                                      del cabello   _____

54. La ondulación y el rizado térmico se hacen con el:
   a) cabello húmedo   c) cabello secado con toalla
   b) cabello sin lavar   d) cabello seco   _____

55. Para mantener un calor parejo, las planchas térmicas deben estar hechas con ___ de la mejor calidad:
   a) zinc   c) magnesio
   b) acero   d) goma dura   _____

56. Una plancha térmica convencional:
   a) es calentada a carbón   c) tiene un calentador
                                      eléctrico propio
   b) tiene un calentador   d) es calentada en una
      eléctrico propio y vaporizador   estufilla   _____

57. No se deben emplear planchas eléctricas con vaporizador en cabello prensado debido a que pueden hacer que el cabello:
   a) vuelva a su estado natural   c) quede más liso
      rizado
   b) quede liso y débil   d) se debilite y rompa _____

58. Para cabello con tinte, aclarado o canas, es recomendable:
   a) usar planchas térmicas de gran tamaño
   b) usar planchas térmicas calientes
   c) no usar planchas térmicas
   d) usar planchas térmicas tibias
   _____

59. La parte de peinado de una plancha térmica está compuesta por una rama y:
   a) una base de apoyo
   b) una clavija
   c) un cable
   d) una abrazadera
   _____

60. La temperatura requerida para una plancha térmica caliente depende de:
   a) la velocidad del cosmetólogo
   b) la textura del cabello
   c) el tipo de plancha elegida
   d) el tamaño del calentador
   _____

61. Se comprueba la temperatura de una plancha térmica caliente con un:
   a) papel encerado
   b) trapo húmedo
   c) mechón de cabello
   d) trozo de papel tissue
   _____

62. Un peine térmico debe estar hecho de:
   a) acero
   b) goma dura
   c) madera
   d) plástico
   _____

63. Cuando se emplean planchas térmicas, el movimiento de giro debe ser hecho con:
   a) los dedos
   b) la mano
   c) la muñeca
   d) el brazo
   _____

64. Para darle una apariencia terminada a las puntas del cabello, utilice:
   a) rizos en espiral
   b) rizos sueltos
   c) la técnica de figura en 8
   d) la técnica de figura en 6
   _____

65. El método de rizado térmico del cabello envolviendo un mechón alrededor de la rama para crear rizos colgantes se denomina:
   a) rizos con plancha térmica volumizadora
   b) rizos sueltos
   c) técnica de figura en 6
   d) rizos en espiral
   _____

66. Los rizos con plancha térmica volumizadora son usados para lograr un peinado terminado con:
    a) tensión
    b) elevación
    c) separación
    d) profundidad
    _____

67. Se obtiene un rizo térmico con volumen colocando el rizo:
    a) completamente fuera de su base
    b) en el centro de su base
    c) sobre y muy alto sobre su base
    d) a medias fuera de su base
    _____

68. Los rizos térmicos en base completa brindan:
    a) máxima elevación o volumen
    b) un fuerte rizo con moderado volumen
    c) una ligera elevación o volumen
    d) un fuerte rizo con el máximo volumen
    _____

69. En los rizos en media base, el cabello se mantiene en:
    a) un ángulo de 125 grados
    b) un ángulo de 70 grados
    c) un ángulo de 90 grados
    d) un ángulo de 135 grados
    _____

70. El rizo térmico que ofrece la menor elevación o volumen es el:
    a) rizo con volumen
    b) rizo fuera de base
    c) rizo en media base
    d) rizo en base completa
    _____

71. Para garantizar un buen rizo u onda térmica, el cabello debe estar:
    a) húmedo
    b) preparado con loción fijadora
    c) limpio
    d) bien aceitado
    _____

72. En el rizado u ondulado térmico, las puntas del cabello en anzuelo son causadas cuando:
    a) las puntas del cabello sobresalen a las planchas
    b) el rizo comienza muy bajo
    c) el rizo comienza demasiado alto
    d) la plancha está demasiado caliente
    _____

73. La presión del cabello:
    a) riza temporalmente el cabello
    b) alisa el cabello temporalmente
    c) ondula el cabello permanentemente liso
    d) proporciona ondas anchas al cabello rizado
    _____

74. El alisado o la presión del cabello es un popular servicio que dura:
    a) hasta el siguiente lavado con shampoo
    b) hasta el siguiente día
    c) entre cortes
    d) una semana
    _____

75. Los tipos de prensión del cabello son presión suave, presión intensa y:
    a) presión en 8
    b) presión Croquignole
    c) presión ligera
    d) presión media
    _____

76. El tipo de presión del cabello que quita entre el 50% y el 60% del rizo se denomina:
    a) presión suave
    b) presión mínima
    c) presión intensa
    d) presión media
    _____

77. La temperatura del peine de prensado debe ser ajustada a ___ del cabello:
    a) el largo
    b) la limpieza
    c) la textura
    d) el estilo
    _____

78. El tipo de cabello más fácil de prensar es:
    a) el cabello medio rizado
    b) el cabello rizado hirsuto
    c) el cabello rizado resistente
    d) el cabello virgen
    _____

79. El tipo de cabello que requiere la menor cantidad de calor y presión de un peine de prensado es el:
    a) medio
    b) corto
    c) grueso
    d) fino
    _____

80. Aplicar dos veces el peine de prensado caliente a cada lado del cabello se conoce como:
    a) presión suave
    b) presión intensa
    c) presión común
    d) presión con peine
    _____

81. Los cabellos con folículos quemados:
    a) sellan el aceite del cabello
    b) ayuda a mantener ciertos estilos
    c) no pueden ser acondicionado
    d) sólo se producen con una presión intensa
    _____

82. Al prensar cabello grueso, se requiere más calor porque:
    a) tiene una cutícula más gruesa
    b) nunca encanece
    c) contiene una médula
    d) tiene el diámetro más grande
    _____

83. Para evitar resquebrajar cabello fino al prensarlo, se debe usar:
    a) menos calor y presión
    b) nada de aceite de prensado
    c) más calor y presión
    d) más crema protectora
    _____

84. El uso excesivo de calor en cabello cano, teñido o aclarado puede:
    a) modificar el crecimiento del futuro cabello
    b) decolorar el cabello
    c) arruinar el peine de prensado
    d) hacer que el cabello se vea hirsuto
    _____

85. No corregir el estado seco y quebradizo del cabello antes del alisamiento térmico puede provocar:
    a) un rizado excesivo
    b) un resultado débil
    c) la rotura del cabello
    d) más tratamientos de retoque
    _____

86. Para evitar chamuscar o quemar el cabello al prensarlo, utilice:
    a) más aceite de prensado
    b) aceite de prensado precalentado
    c) más calor
    d) menos aceite de prensado
    _____

87. Una presión intensa en la que se pasa primero una plancha de rizado caliente sobre el cabello se denomina:
    a) presión doble
    b) presión de rama
    c) presión térmica
    d) presión química
    _____

88. El tratamiento de presión del cabello entre lavados con shampoo se denomina:
    a) presión ligera
    b) retoque
    c) reprensado
    d) presión suave
    _____

89. El cabello grueso y rizado:
    a) es difícil de prensar
    b) es más fácil de prensar
    c) requiere menos aceite de prensado
    d) requiere alisado antes de prensarlo
    _____

90. Antes de prensar el cabello, debe dividirlo en:
    a) nueve secciones
    b) tres secciones
    c) cuatro secciones
    d) cinco secciones
    _____

91. Un cuero cabelludo puede ser clasificado como normal, flexible o:
    a) delgado
    b) rígido
    c) quebradizo
    d) poroso
    _____

92. Se necesita aplicar el peine de prensado térmico dos veces a cada lado del cabello para realizar una:
    a) presión suave
    b) presión intensa
    c) presión Croquignole
    d) presión doble

    _____

93. Los peines de prensado deben estar hechos de acero o ___ de buena calidad:
    a) plástico
    b) goma dura
    c) latón
    d) zinc

    _____

94. La presión o alisado del cabello se logra con ___ del peine:
    a) la cola
    b) la parte posterior
    c) el mango
    d) los dientes

    _____

95. El aceite de prensado puede ser aplicado antes o después de que el cabello sea:
    a) prensado
    b) dividido en secciones
    c) secado completamente
    d) lavado con shampoo

    _____

96. El cabello y el cuero cabelludo pueden ser acondicionados con productos especiales para el cabello, con el cepillado del cabello y con:
    a) un enjuague intenso
    b) enjuagues de limón
    c) un shampoo en seco
    d) un masaje del cuero cabelludo

    _____

97. La parte metálica de un peine de prensado puede ser sumergida por una hora en una solución de ___ para darle una apariencia suave y brillante.
    a) alcohol y shampoo
    b) bicarbonato de sodio caliente
    c) amoníaco
    d) hipoclorito de sodio

    _____

98. Los tratamientos de presión del cabello demasiado frecuentes pueden causar:
    a) roturas y acortamiento del cabello
    b) exceso de grasitud
    c) hirsutismo
    d) hipertricosis

    _____

99. Se puede limpiar el carbón del peine de prensado frotándolo con:
    a) aceite de prensado
    b) desinfectante
    c) una toalla húmeda
    d) papel de lija fino

    _____

100. No utilice ___ al prensar cabello corto en las sienes y en la parte posterior del cuello.
    a) una temperatura moderada
    b) una alta temperatura
    c) un peine de prensado
    d) un peine de sienes

    _____

Trenzado y extensiones trenzadas

1. El arte de trenzar, de gran importancia en la tradición de muchas culturas, se originó en:
   a) África
   b) Noruega
   c) India
   d) América nativa   _____

2. En culturas tradicionales, los patrones de trenzado indicaban:
   a) el número de hijos
   b) alfabetismo
   c) su estado civil y rango social
   d) destreza manual   _____

3. El peinado natural trabaja con ____ del cabello:
   a) el color
   b) el largo
   c) las trenzas
   d) el rizo o el patrón de ondulación   _____

4. En relación con el trenzado, las técnicas de textura del cabello incluyen tres características: patrón de ondulación, textura y:
   a) diámetro
   b) largo
   c) simetría
   d) historial químico   _____

5. Cuando se crea un estilo con trenzas para un tipo de rostro redondo, es conveniente incluir:
   a) simetría
   b) recogido de trenzas
   c) volumen a los lados
   d) rastafari   _____

6. Las herramientas adecuadas son esenciales para el trenzado, incluyendo:
   a) grandes rulos
   b) maquinillas
   c) una tenacilla de rizar
   d) un peine de mango   _____

7. El kanekalon se utiliza para:
   a) tratamientos para el cabello
   b) extensiones sintéticas
   c) los rastrillos
   d) tableros de dibujo   _____

8. Por lo general, es mejor trenzar el cabello:
   a) luego de recortarlo
   b) cuando está húmedo
   c) cuando está seco
   d) sin lavarlo con shampoo _____

9. El cabello texturizado presenta ciertos desafíos a la hora del peinado porque es:
   a) frágil tanto húmedo como seco
   b) débil y falto de cuerpo
   c) liso
   d) suelto _____

10. Al preparar el cabello texturizado para trenzarlo, se debe separar el cabello más espeso en:
    a) pocas secciones
    b) secciones desparejas
    c) muchas secciones
    d) más secciones al frente _____

11. Una trenza de tres mechones creada con la técnica de trenzado hacia abajo se denomina:
    a) trenza invisible
    b) trenza cordel
    c) trenza espinazo de pescado
    d) trenza visible _____

12. La técnica de recogido hacia arriba se utiliza para crear:
    a) una trenza invisible
    b) una trenza cordel
    c) trenzas en hilera
    d) trenzas africanas _____

13. Una trenza hecha con dos mechones que se retuercen uno alrededor del otro se llama:
    a) peinado natural
    b) rastafari
    c) trenza en hilera
    d) trenza cordel _____

14. Una trenza espinazo de pescado es una trenza de dos mechones en la cual el cabello es:
    a) retorcido a la izquierda
    b) recogido de los lados
    c) enrollado en el sentido de las agujas del reloj
    d) trenzado por debajo _____

15. Las trenzas simples, trenzas africanas y trenzas individuales son:
    a) trenzas de cosido oculto
    b) trenzas en hilera
    c) rastafari
    d) trenzas sueltas _____

16. Las divisiones del cabello para las trenzas simples pueden ser cuadradas, triangulares o:
    a) rectangulares
    b) circulares
    c) al azar
    d) en arco _____

17. La base para formar trenzas en hilera bellas es:
    a) la técnica del peine
    b) la división en capas
    c) la división del cabello pareja y constante
    d) las extensiones

    _____

18. Cuando se utiliza el método de agregado para trenzar en hilera, se están agregando:
    a) grandes broches
    b) extensiones
    c) ornamentaciones
    d) vueltas en espiral

    _____

19. Los rastafari pueden comenzarse utilizando:
    a) el peinado plano que se ajusta al contorno
    b) la técnica de cepillado
    c) la técnica de trenzado sobre el cuero cabelludo
    d) la torsión con la mano

    _____

20. Al hacer los rastafari, el rizo de rasta está totalmente cerrado en el extremo y el cabello se enreda firmemente en un cilindro en forma de soga durante la:
    a) etapa de atrofia
    b) etapa de desarrollo
    c) etapa de maduración
    d) etapa de crecimiento

    _____

Pelucas y apliques para el cabello

1. En las proporciones clásicas del cuerpo, la proporción del tamaño de la cabeza en relación con el cuerpo es aproximadamente:
   a) 1 a 7
   b) 1 a 10
   c) 1 a 5
   d) 1 a 12
   _____

2. Durante la consulta con el cliente para apliques para el cabello, es mejor que el cliente:
   a) esté en una camilla para faciales
   b) tenga una bata de salón
   c) tenga una capa de salón
   d) esté con ropa informal
   _____

3. Las pelucas de cabello humano pueden distinguirse de las pelucas de cabello sintético con una simple:
   a) prueba de mechón
   b) prueba de compatibilidad
   c) prueba de predisposición
   d) prueba de estiramiento
   _____

4. Las ventajas de las pelucas de cabello humano sobre las sintéticas incluyen:
   a) colores que no se oxidan
   b) bajo costo
   c) colores ilimitados
   d) mayor durabilidad
   _____

5. Las pelucas sintéticas tienen muchas ventajas sobre las de cabello humano, incluyendo:
   a) tolerancia a altas temperaturas
   b) corte, color y textura fijos
   c) un aspecto más natural que el cabello humano
   d) que no necesitan lavado con shampoo
   _____

6. El cabello humano considerado el mejor de la línea para pelucas es:
   a) el cabello europeo virgen
   b) el cabello indio
   c) el cabello europeo con tratamiento de color
   d) el cabello asiático
   _____

7. Un pelo animal a cuyo color blanco natural se le pueden agregar colores de fantasía es:
   a) el pelo de cabra   c) el pelo de caballo
   b) el pelo de oveja   d) el pelo de yac   _____

8. El segundo cabello más costoso disponible para pelucas procede de:
   a) India y Asia   c) Sudamérica
   b) los EE.UU.   d) Europa   _____

9. El cabello Indio es naturalmente:
   a) liso   c) ondulado
   b) enrulado   d) rizado   _____

10. El cabello con cutícula intacta es más caro pues el cabello es:
    a) enraizado   c) sintético
    b) direccionado   d) caído   _____

11. Las pelucas de gorra:
    a) son anudadas a mano   c) tienen una estructura
                                   abierta
    b) están hechas con trenzas d) están confeccionadas
                                   a máquina   _____

12. El agregado de cabello que consiste en hileras de trenzas unidas a las bandas elásticas en un patrón circular es:
    a) una extensión cosida   c) una peluca sin gorra
    b) una peluca de gorra   d) un bisoñé   _____

13. Las pelucas qué más se asemejan al crecimiento del cabello humano real son las:
    a) de integración   c) confeccionadas a máquina
    b) atadas a mano   d) confeccionadas
                                   parcialmente a mano   _____

14. Las pelucas elaboradas con una combinación de cabello sintético y humano atado a mano son las pelucas:
    a) confeccionadas   c) de integración
       parcialmente a mano
    b) anudadas a mano   d) fusionadas   _____

15. El método de confección de pelucas más económico es el:
    a) atado a mano   c) confeccionado a máquina
    b) confeccionado parcialmente d) anudado a mano   _____
       a mano

16. Los dos métodos para preparar el cabello para colocar una peluca son la envoltura del cabello y:
    a) una torzada Francesa
    b) los rizos con horquillas
    c) los rizos con rulos
    d) una coleta
    _____

17. Cuando se lava una peluca con shampoo, se puede utilizar:
    a) un shampoo alcalino
    b) un shampoo anticaspa
    c) un shampoo con una base de azufre
    d) un shampoo suave
    _____

18. Cuando se corta y peina una peluca, ésta debe ser ubicada en una cabeza de maniquí durante:
    a) el peinado
    b) el corte
    c) el secado con secador
    d) el lavado con shampoo
    _____

19. Cuando peine una peluca, el objetivo es que se vea:
    a) embadurnada
    b) artificial
    c) realista
    d) perfecta
    _____

20. Si va a teñir una peluca de cabello humano a su gusto, deberá usar cabello que haya sido:
    a) teñido con tintura metálica
    b) teñido a nivel de 0
    c) tratado con un relleno
    d) decolorado o blanqueado
    _____

21. Si utiliza una coloración oxidante sobre cabello que ha sido tratado con tintura metálica, el:
    a) resultado se verá artificial
    b) el color tomará mejor
    c) el cabello se ondulará y humeará
    d) el resultado se verá más natural
    _____

22. Una peluca de cabello humano no debe ser permanentada si ha sido:
    a) tratada con tinte metálico
    b) teñida con coloración semipermanente
    c) teñida a su gusto con color permanente
    d) aclarada
    _____

23. Un postizo:
    a) brinda una cobertura del 20% al 50%
    b) queda colocado permanentemente
    c) se utiliza al acostarse
    d) se ubica sobre la parte superior de la cabeza
    _____

24. Un aplique para el cabello que tiene una apertura en la base por donde el cliente saca su propio cabello para que se mezcle con el cabello del postizo se denomina:
a) postizo de integración
b) extensión de colocación y cosido
c) peluca
d) bisoñé
_____

25. Los postizos que son especialmente recomendables para hombres que sufren de una severa pérdida de cabello, pero que también pueden ser utilizados por mujeres, son:
a) los postizo de integración
b) las extensiones de cabello
c) los bisoñé
d) las colas de caballo de envoltura
_____

26. Las extensiones de cabello se fijan:
a) a la base del cabello
b) al contorno del cuero cabelludo
c) a las puntas del cabello
d) al cuero cabelludo
_____

27. En el método de colocación y cosido, las extensiones de cabello se fijan:
a) al cuero cabelludo del cliente
b) a trenzas sobre el cuero cabelludo
c) a una coleta
d) a trenzas fuera del cuero cabelludo
_____

28. El método de adherir trenzas de cabello o mechones simples con un adhesivo o pistola de pegar se denomina:
a) colocación y cosido
b) fusión
c) encintado
d) pegado
_____

29. Antes de aplicar extensiones pegadas, siempre realice una:
a) prueba de parche
b) prueba de temperatura
c) prueba de rizo
d) prueba de mechón
_____

30. El método en el que las extensiones se adhieren al propio cabello del cliente con un material que se activa con el calor de una herramienta especial se denomina:
a) pegado
b) colocación y cosido
c) fusión
d) encolado
_____

Servicios de textura química

1. Los servicios del cabello que producen un cambio químico que afecta en forma permanente el patrón de ondulación natural del cabello se denominan:
   a) ondulado térmico
   b) servicios de textura química
   c) fijación en húmedo
   d) servicios de coloración
   _____

2. Una cutícula fuerte y compacta significa:
   a) cabello dañado
   b) cabello fácil de permanentar
   c) cabello resistente
   d) cabello poroso
   _____

3. El cabello poroso, dañado o tratado químicamente requiere una solución de permanente que:
   a) tenga un pH alto
   b) sea más alcalina
   c) sea más fuerte
   d) sea menos alcalina
   _____

4. Para cambiar el patrón de ondulación natural del cabello es necesario quebrar:
   a) los enlaces laterales
   b) los enlaces peptídicos
   c) los enlaces terminales
   d) las cadenas polipéptidas
   _____

5. Los enlaces de bisulfuro, uno de los tres tipos de enlaces laterales, son:
   a) los más fáciles de romper
   b) los más fuertes
   c) los más débiles
   d) los más numerosos
   _____

6. Los enlaces salinos se rompen fácilmente con:
   a) agua
   b) secadores de mano
   c) cambios en el pH
   d) una humedad elevada
   _____

7. Un ejemplo de cambio físico es:
   a) el alisado químico
   b) la permanente de rizos sueltos
   c) el ondulado permanente
   d) la fijación en húmedo
   _____

8. Los enlaces de hidrógeno son muy débiles, pero representan aproximadamente un ___ de la fortaleza total del cabello.
   a) 1/2
   b) 1/3
   c) 1/4
   d) 1/6
   _____

9. Insistiendo en mantener registros de cliente precisos y actualizados, se consigue:
   a) demorar más tiempo para realizar un servicio
   b) incomodar al cliente
   c) mejorar las destrezas técnicas
   d) repetir errores anteriores
   _____

10. Los factores más importantes a tener en cuenta cuando se analiza el cabello para realizar servicios de textura química son textura, densidad, porosidad, elasticidad y:
    a) largo
    b) contorno del cuero cabelludo
    c) color
    d) dirección de crecimiento
    _____

11. La textura del cabello se describe como:
    a) porosa y resistente
    b) gruesa, media y fina
    c) lisa, ondulada, rizada, enrulada
    d) alta y baja
    _____

12. Cuando se trata el cabello grueso con servicios de textura química, normalmente es:
    a) más fácil de procesar
    b) más susceptible a roturas
    c) más difícil de penetrar
    d) más frágil
    _____

13. La textura del cabello más frágil y más fácil de procesar con la solución de ondulación permanente es:
    a) el cabello fino
    b) el cabello poroso
    c) el cabello medio
    d) el cabello grueso
    _____

14. El factor más importante para determinar la capacidad del cabello para mantener el rizo es su:
    a) densidad
    b) elasticidad
    c) porosidad
    d) textura
    _____

15. El cabello húmedo con elasticidad normal puede estirarse hasta un ___ por ciento de su longitud original y regresar a la misma longitud sin quebrarse.
    a) 50
    b) 80
    c) 25
    d) 70
    _____

16. La primera parte de cualquier permanente, el envolver el cabello en los bigudíes de permanente, causa:
    a) un cambio en los enlaces de bisulfuro
    b) una alteración química
    c) un cambio en los enlaces terminales
    d) una alteración física   _____

17. La segunda parte de cualquier permanente, la aplicación de solución para ondular y neutralizador, causa:
    a) una alteración física
    b) una alteración química
    c) un cambio en los enlaces de hidrógeno
    d) un cambio en los enlaces peptídicos   _____

18. La principal diferencia entre la fijación en húmedo y la permanente es:
    a) el tamaño de las herramientas de envoltura
    b) el tipo de los enlaces terminales que se rompen
    c) el tipo de la herramienta de envoltura
    d) el tipo de los enlaces laterales que se rompen   _____

19. El tamaño de la herramienta de permanente determina:
    a) el control de la base
    b) la ubicación del rizo
    c) el tamaño del rizo
    d) la dirección base   _____

20. Al envolver el cabello en herramientas pequeñas se aumenta:
    a) la tensión
    b) el tamaño del rizo
    c) la cantidad de enlaces laterales que se rompen
    d) la cantidad de enlaces de hidrógeno que se rompen   _____

21. Para envolver una permanente, el cabello se divide en paneles y luego en:
    a) divisiones
    b) controles de la base
    c) subpaneles
    d) secciones de la base   _____

22. La posición de la herramienta en relación con su sección de la base se denomina:
    a) control de la base
    b) dirección base
    c) ángulo de la herramienta
    d) técnica de enrollado   _____

23. El control de la base está determinado por el ángulo:
    a) en el que se peina el cabello
    b) del cabello respecto del largo de la herramienta
    c) con el que se ubica la herramienta en la cabeza
    d) en el que se envuelve el cabello   _____

24. El cabello se envuelve con un ángulo de 45 grados no perpendicular a su sección de la base en:
    a) la ubicación media fuera de base
    b) la colocación en la base
    c) la colocación cruzada en la base
    d) la ubicación fuera de base _____

25. En la ubicación fuera de la base, el cabello se enrolla __ a su sección de la base.
    a) 45 grados sobre la perpendicular
    b) en paralelo
    c) 45 grados por debajo de la perpendicular
    d) en perpendicular (a 90 grados) _____

26. Debido a que aumenta la tensión y tirantez del cabello, se debe tener cuidado con:
    a) la ubicación fuera de base
    b) el enrollado Croquignole
    c) el enrollado en espiral
    d) la colocación en la base _____

27. Entre los diferentes controles de la base, se logra el menor volumen utilizando:
    a) la ubicación fuera de base
    b) la colocación en la base
    c) la colocación Croquignole
    d) la ubicación media fuera de base _____

28. El ángulo con el que se ubica la herramienta de permanente en la cabeza se denomina:
    a) sección de la base
    b) control de la base
    c) técnica de enrollado
    d) dirección base _____

29. La técnica de enrollado con la que se enrolla el cabello desde las puntas hacia el cuero cabelludo en capas superpuestas se denomina:
    a) envoltura básica
    b) envoltura Croquignole
    c) envoltura en espiral
    d) envoltura circular _____

30. En la técnica de envoltura de permanente en espiral, el cabello se envuelve:
    a) en capas superpuestas
    b) en un ángulo perpendicular
    c) en un ángulo no perpendicular
    d) sólo desde las puntas hacia el cuero cabelludo _____

31. Los bigudíes con una circunferencia más pequeña en el centro que en los extremos se denominan:
    a) bigudíes convexos
    b) bigudíes afilados
    c) bigudíes rectos
    d) bigudíes cóncavos _____

32. Los bigudíes con la misma circunferencia a todo lo largo o área de rizado se denominan:
   a) bigudíes rectos
   b) bigudíes afilados
   c) bigudíes convexos
   d) bigudíes cóncavos
   _____

33. La característica distintiva de los bigudíes de curvado suave es que pueden ser:
   a) utilizados con una envoltura Croquignole
   b) ajustados para formar un círculo
   c) curvados en muchas formas
   d) utilizados con una envoltura en espiral
   _____

34. Las herramientas circulares o bigudíes en bucle son ideales para:
   a) enrollar pequeñas secciones
   b) enrollar en Croquignole cabello corto
   c) enrollar cabello muy corto
   d) enrollar en espiral cabello muy largo
   _____

35. Los papelillos son papeles absorbentes usados para enrollar el cabello en las herramientas de permanente para:
   a) controlar las puntas del cabello
   b) absorber humedad
   c) controlar la elasticidad
   d) mantener la humedad
   _____

36. Cuando se coloca un papelillo en la parte superior del mechón de cabello al envolverlo sobre la herramienta de permanente, se denomina:
   a) envoltura plana doble
   b) envoltura plana simple
   c) envoltura en un sentido
   d) envoltura de las puntas
   _____

37. Cuando se dobla un papelillo a la mitad sobre las puntas del cabello como un sobre, se denomina:
   a) envoltura de las puntas
   b) envoltura de las puntas doble
   c) envoltura de las puntas simple
   d) media envoltura
   _____

38. La técnica de envoltura que ofrece el mayor control sobre las puntas del cabello y ayuda a mantenerlas distribuidas en forma pareja es la:
   a) envoltura de las puntas
   b) envoltura plana simple
   c) envoltura convexa
   d) envoltura plana doble
   _____

39. La solución de ondulación permanente rompe los enlaces de bisulfuro en la corteza mediante una reacción química llamada:
   a) sustracción
   b) hidrogenación
   c) reducción
   d) oxidación
   _____

40. En las soluciones de ondulación permanente, los compuestos con tiol actúan como:
   a) agentes reductores
   b) agentes oxidantes
   c) agentes neutralizadores
   d) agentes alcalinos
   _____

41. El tioglicolato de amonio es producido al agregar ___ a un ácido tioglicólico.
   a) alcohol
   b) neutralizador
   c) peróxido de hidrógeno
   d) amoníaco
   _____

42. Las ondas alcalinas también se denominan:
   a) ondas de ácido balanceado
   b) ondas de pH bajo
   c) ondas en frío
   d) ondas libres de amoníaco
   _____

43. La mayoría de las ondas ácidas:
   a) tiene un pH entre 3 y 5
   b) brinda un rápido tratamiento
   c) produce un rizo muy firme
   d) requiere calor para acelerar el tratamiento
   _____

44. La mayoría de las ondas de ácido en los salones de la actualidad tienen un pH entre:
   a) 6,5 a 7,0
   b) 7,8 a 8,2
   c) 7,0 a 9,6
   d) 4,5 a 7,0
   _____

45. Las ondas permanentes que necesitan el calor de una fuente externa, normalmente de un secador, se denominan:
   a) de ácido balanceado
   b) alcalinas
   c) endotérmicas
   d) exotérmicas
   _____

46. Un beneficio de las ondas libre de amoníaco es que:
   a) son buenas para cabello muy resistente
   b) tienen un fuerte olor a amoníaco
   c) son menos alcalinas que las soluciones de amoníaco
   d) son menos dañinas que las soluciones de amoníaco
   _____

47. En la ondulación permanente, la mayor parte del procesamiento tiene lugar a medida que la solución penetra en el cabello durante los primeros:
   a) 5 a 10 minutos
   b) 3 a 5 minutos
   c) 15 a 30 minutos
   d) 10 a 15 minutos
   _____

48. La completa saturación del cabello es indispensable para lograr el correcto procesado en todas las ondas permanentes, pero especialmente con:
   a) el cabello grueso
   b) el cabello poroso
   c) el cabello fino
   d) el cabello resistente
   _____

49. Una ondulación permanente realizada correctamente debe romper y reconstruir alrededor del ___ por ciento de los enlaces de bisulfuro del cabello.
   a) 50
   b) 90
   c) 75
   d) 25 _____

50. Si el cabello no ha sido procesado por completo:
   a) se rompen demasiados enlaces de bisulfuro
   b) el cabello está suavizado en exceso
   c) el cabello está más rizado en el cuero cabelludo
   d) se rompen excesivamente pocos enlaces de bisulfuro _____

51. Los neutralizadores realizan dos funciones, desactivan los restos de solución de ondulación en el cabello y:
   a) reconstruyen los enlaces de bisulfuro rotos
   b) acondicionan el cabello
   c) vuelven a formar los enlaces de hidrógeno rotos
   d) rompen los enlaces de bisulfuro restantes _____

52. La reacción química implicada en la neutralización es la:
   a) hidrogenación
   b) activación
   c) oxidación
   d) reducción _____

53. Se debe enjuagar la solución para permanente del cabello por al menos:
   a) tres minutos
   b) ocho minutos
   c) diez minutos
   d) cinco minutos _____

54. Se debe enjuagar la solución para permanente del cabello antes de colocar el neutralizador para evitar la irritación del cuero cabelludo y:
   a) el procesado incompleto
   b) aclarar el color del cabello
   c) neutralizar la solución para permanente
   d) oscurecer el color del cabello _____

55. Luego de enjuagar la solución para permanente del cabello, el siguiente paso es:
   a) retirar los bigudíes
   b) aplicar más solución de ondulación
   c) secar los bigudíes con toallas
   d) aplicar neutralizador _____

56. Un paso adicional luego de secar el cabello con toalla y antes de aplicar el neutralizador es:
   a) aplicar un acondicionador pre-neutralizador
   b) lavar con un shampoo suave
   c) enjuagar por segunda vez
   d) aplicar crema protectora _____

57. Los átomos de hidrógeno en los enlaces de bisulfuro rotos son tan fuertemente atraídos al oxígeno en el neutralizador que abandonan sus enlaces con:
   a) los átomos de sulfuro
   b) los átomos de nitrógeno
   c) los enlaces salinos
   d) el sodio
   _____

58. A menos que el cuero cabelludo esté irritado, el cabello recién permanentado puede ser teñido con:
   a) coloración con oxidantes
   b) coloración semipermanente de larga duración
   c) una aplicación de proceso doble de coloración
   d) coloración permanente
   _____

59. Es más seguro hacer la permanente en el cabello que:
   a) ha sido teñido con coloración metálica
   b) ha sido tratado con alisador de hidróxido
   c) muestra signos de resquebrajamiento
   d) ha sido tratado con tio alisador
   _____

60. Las sales metálicas dejan una capa sobre el cabello que puede causar decoloración severa, resquebrajaduras del cabello o:
   a) rizos desparejos
   b) un ligero olor
   c) alisado del cabello
   d) rizos suaves
   _____

61. Para realizar una prueba de sales metálicas en el cabello, sumerja al menos unas 20 mechones de cabello en una mezcla de peróxido y:
   a) tio
   b) blanqueador
   c) alcohol
   d) amoníaco
   _____

62. La envoltura básica de permanente también se denomina:
   a) envoltura de permanente tipo enladrillado
   b) técnica de tramado
   c) envoltura recta
   d) envoltura de permanente en la curvatura
   _____

63. La envoltura de permanente que crea un movimiento que se curva dentro de los paneles divididos es la:
   a) técnica de tramado
   b) envoltura de permanente recta
   c) envoltura de permanente tipo enladrillado
   d) envoltura de permanente en la curvatura
   _____

64. Las particiones en zigzag se utilizan para dividir las áreas de la base en la técnica de envoltura de permanente que se denomina:
   a) permanente tipo enladrillado
   b) técnica en espiral
   c) técnica de tramado
   d) permanente en la curvatura   _____

65. La envoltura de permanente con herramienta doble también se denomina:
   a) envoltura en la curvatura
   b) técnica en espiral
   c) envoltura tipo enladrillado
   d) envoltura piggyback   _____

66. La técnica de permanente en espiral:
   a) utiliza dos herramientas en un mechón de cabello
   b) produce un rizo uniforme desde el cuero cabelludo hasta las puntas
   c) sigue la curvatura de la cabeza
   d) es particularmente conveniente para el cabello corto   _____

67. Para determinar el tiempo de procesamiento adecuado que se necesita para el desarrollo óptimo de un rizo, se debe realizar:
   a) una prueba de rizo preliminar
   b) una prueba de mechón
   c) una prueba de elasticidad
   d) una prueba de parche   _____

68. Cuando se hace una permanente parcial, se puede hacer una transición suave desde una sección enrollada a la sección no enrollada usando __ como la última herramienta a continuación de una sección no enrollada.
   a) una herramienta cóncava
   b) una herramienta circular
   c) un rizo con horquillas
   d) una herramienta más grande   _____

69. El proceso de reacomodar la estructura básica del cabello muy rizado a una forma lisa se denomina:
   a) alisado térmico del cabello
   b) ondulado químico del cabello
   c) alisado químico del cabello
   d) ondulación permanente   _____

70. El alisado químico del cabello es muy similar a:
   a) la coloración permanente
   b) la ondulación permanente
   c) la presión del cabello
   d) el ondulado térmico   _____

71. Todos los alisadores y permanentes modifican la forma del cabello:
   a) creando enlaces de hidrógeno
   b) rompiendo enlaces de hidrógeno
   c) creando enlaces de bisulfuro
   d) rompiendo enlaces de bisulfuro   _____

72. La mayoría de los alisadores contienen los mismos ingredientes que los utilizados en:
    a) las coloraciones permanentes   c) las cremas depilatorias
    b) las coloraciones temporales   d) los depilatorios   _____

73. El cabello extremadamente rizado:
    a) tiene un diámetro uniforme   c) es muy fuerte
    b) tiene diversos diámetros   d) es más grueso en las curvas _____

74. El cabello extremadamente rizado es más débil en:
    a) el tallo medio   c) los extremos
    b) la base   d) las curvas   _____

75. Los tio alisadores:
    a) tienen un pH superior a 10   c) endurecen el cabello
    b) usan menos TGA que en   d) no utilizan agentes
       las permanentes   reductores   _____

76. Cada paso en la escala de pH representa un cambio __ en la concentración.
    a) doble   c) céntupla
    b) dúo décupla   d) décupla   _____

77. Los alisadores de hidróxido eliminan un átomo de azufre del enlace de bisulfuro, convirtiéndolo en un enlace de lantionina en un proceso denominado:
    a) reducción   c) lantionización
    b) neutralización   d) oxidación   _____

78. Los enlaces de bisulfuro que son rotos por los alisadores de hidróxido:
    a) nunca pueden volver   c) se transforman en
       a formarse   enlaces de hidrógeno
    b) se vuelven a formar mediante   d) se vuelven a formar
       la lantionización   mediante un neutralizador _____

79. La neutralización de los alisadores de hidróxido implica el uso de:
    a) neutralizador oxidante   c) shampoo de pH alto
    b) shampoo de equilibrio ácido   d) peróxido de hidrógeno   _____

80. Si se ha tratado el cabello de un cliente con un alisador de hidróxido, no puede ser tratado con:
    a) alisadores de hidróxido   c) permanentes de rizos
       en el futuro   sueltos
    b) ondulado térmico   d) coloración permanente   _____

81. Los alisadores de hidróxido metálico son compuestos iónicos formados por un metal combinado con:
   a) oxígeno y nitrógeno
   b) nitrógeno e hidrógeno
   c) hidrógeno y azufre
   d) oxígeno e hidrógeno
   _____

82. Los alisadores de hidróxido de sodio se denominan comúnmente:
   a) alisadores sin lejía
   b) alisadores de lejía
   c) alisadores sin mezcla y sin lejía
   d) alisadores de bajo pH
   _____

83. Un alisador químico que alisa el cabello completamente con mucha menos irritación del cuero cabelludo que otros alisadores de hidróxido es:
   a) el alisador de hidróxido de guanidina
   b) el alisador de hidróxido de sodio
   c) el alisador de hidróxido de litio
   d) el alisador de bajo pH
   _____

84. Los alisadores químicos comercializados como alisadores alternativos suaves son:
   a) los alisadores de hidróxido de guanidina
   b) los alisadores de hidróxido de sodio
   c) los alisadores de hidróxido de litio
   d) los sulfitos
   _____

85. Los alisadores de resistencia moderada son recomendados para cabello fino, dañado o:
   a) medio rizado
   b) de textura media
   c) con tratamiento de color
   d) grueso y muy rizado
   _____

86. La aplicación de un relajador virgen comienza de:
   a) 0,6 a 1,2 cm. del cuero cabelludo
   b) a todo lo largo del mechón
   c) en el cuero cabelludo
   d) en la zona de nuevo crecimiento
   _____

87. Los alisadores deben ser aplicados primero en el área más resistente, que es normalmente:
   a) el contorno frontal del cuero cabelludo
   b) las sienes
   c) la parte posterior de la cabeza
   d) la nuca
   _____

88. Las soluciones neutralizantes son acondicionadores con un pH ácido que se utilizan en un procedimiento de alisado:
   a) antes del lavado con shampoo
   b) después de aplicar el alisador
   c) luego del lavado con shampoo
   d) antes de enjuagar el alisador _____

89. Para determinar si el cabello está lo suficientemente alisado, efectúe:
   a) una prueba de parche
   b) una prueba periódica de mechón
   c) una prueba de rizo
   d) una prueba de porosidad _____

90. Para neutralizar un alisador de hidrógeno, lave el cabello con shampoo de equilibrio ácido al menos:
   a) tres veces
   b) una vez
   c) dos veces
   d) cinco veces _____

91. Una permanente de rizos sueltos:
   a) alisa ligeramente el cabello
   b) agranda los rizos ya existentes
   c) afirma los rizos
   d) alisa el cabello _____

92. Una permanente de rizos Jheri o de rizos sueltos es una combinación de un tio alisador y:
   a) un ondulado térmico
   b) una permanente de hidróxido
   c) un alisador de hidróxido
   d) una tio permanente _____

93. En una permanente de rizos sueltos, primero se alisa el cabello y luego se lo envuelve:
   a) en secciones de base horizontales
   b) en la base
   c) fuera de base
   d) en secciones de base verticales _____

94. Cuando se aplica un alisador de hidróxido:
   a) el cabello del cliente debe estar cabelludo y húmedo
   b) no es necesario utilizar guantes
   c) se debe comenzar en el cuero en las puntas del cabello
   d) no se lava primero con shampoo _____

95. No intente quitar más del ___ del rizo natural con un alisador químico.
   a) 50%
   b) 80%
   c) 30%
   d) 70% _____

Coloración del cabello

1. Los colores puros o fundamentales que son imposibles de obtener como resultado de una mezcla se denominan:
   a) colores terciarios
   b) colores secundarios
   c) colores complementarios
   d) colores primarios   _____

2. Un color terciario se forma mezclando cantidades iguales de un color secundario y su ___ próximo:
   a) color complementario
   b) color primario
   c) color frío
   d) color secundario   _____

3. Un color primario y uno secundario directamente opuestos uno de otro en la rueda de colores son:
   a) colores terciarios
   b) colores cálidos
   c) colores fríos
   d) colores complementarios   _____

4. Un color secundario se forma mezclando cantidades iguales de dos:
   a) colores primarios
   b) colores complementarios
   c) colores fríos
   d) colores terciarios   _____

5. Los colores rojo, amarillo y azul son considerados:
   a) colores secundarios
   b) colores fríos
   c) colores primarios
   d) colores cálidos   _____

6. El color primario más oscuro es el:
   a) violeta
   b) azul
   c) rojo
   d) amarillo   _____

7. Los colores secundarios son naranja, violeta y:
   a) verde
   b) amarillo
   c) azul
   d) blanco   _____

8. La combinación de cantidades iguales de amarillo y azul crea:
   a) el naranja
   b) un color terciario
   c) un color cálido
   d) el verde   _____

9. Una combinación de colores complementarios es:
   a) rojo y amarillo
   c) rojo y violeta
   b) rojo y verde
   d) rojo y naranja
   _____

10. El azul verdoso y el rojo violáceo son:
    a) colores terciarios
    c) colores primarios
    b) colores neutralizadores
    d) colores complementarios
    _____

11. El cabello de textura fina:
    a) presenta una respuesta promedio al color
    c) puede quedar más claro
    b) es resistente al aclarado
    d) toma más rápidamente el color
    _____

12. La textura del cabello que posiblemente demore más en procesar es:
    a) la textura media
    c) la textura gruesa
    b) la textura escasa
    d) la textura fina
    _____

13. El cabello que es resistente y requiere más tiempo de procesamiento normalmente tiene:
    a) baja porosidad
    c) alta porosidad
    b) textura fina
    d) porosidad promedio
    _____

14. El cabello con alta porosidad tiene una:
    a) cutícula resistente
    c) cutícula levantada
    b) cutícula firme
    d) cutícula ligeramente elevada
    _____

15. Si prueba el cabello entre los dedos y se siente suave, tiene:
    a) baja elasticidad
    c) elasticidad normal
    b) baja porosidad
    d) alta porosidad
    _____

16. El color subyacente que emerge durante el aclarado es conocido como:
    a) pigmento de contribución
    c) eumelanina
    b) feomelanina
    d) intensidad
    _____

17. El tipo de melanina que otorga el color marrón y negro al cabello es la:
    a) feomelanina
    c) melanina oscura
    b) melanina mixta
    d) eumelanina
    _____

18. El nivel se utiliza para identificar:
    a) la saturación del tono de un color
    b) la calidez o la frialdad de un color
    c) la claridad u oscuridad de un color
    d) un color base
    _____

19. La intensidad describe:
    a) colores primarios y secundarios
    b) la saturación del tono de un color
    c) la claridad u oscuridad de un color
    d) la calidez o la frialdad de un color
    _____

20. Un color base es:
    a) la saturación del tono de un color
    b) el pigmento debajo del color natural
    c) la claridad u oscuridad de un color
    d) la tonalidad predominante de un color
    _____

21. La calidez o frialdad de un color se conoce como su:
    a) nivel
    b) profundidad
    c) tono
    d) intensidad
    _____

22. El aclarador del cabello también se conoce como blanqueador o:
    a) decoloración
    b) eliminación
    c) falta de coloración
    d) presuavizado
    _____

23. Las coloraciones para el cabello pueden dividirse en cuatro categorías generales basadas en su composición química, lo que a su vez afecta el resultado final del color y:
    a) el precio de venta
    b) la fuerza del oxidante de tinte
    c) la intensidad
    d) la capacidad de duración
    _____

24. Levantar la cutícula del cabello para que pueda penetrar el tinte es la función realizada por:
    a) el oxidante de tinte
    b) las moléculas de tinte
    c) el ingrediente alcalino
    d) el agente oxidante
    _____

25. La función del peróxido de hidrógeno en la coloración es:
    a) elevar la cutícula
    b) hacer que el oxidante de tinte se vuelva alcalino
    c) destruir la melanina
    d) romper la melanina
    _____

26. La coloración temporal:
    a) produce una alteración física
    b) requiere una prueba de mechón
    c) dura de 4 a 6 lavados con shampoo
    d) penetra la corteza
    _____

27. Las moléculas de pigmento en una coloración semipermanente:
    a) son más grandes que las moléculas de color temporal
    b) solo cubren la cutícula
    c) son más pequeñas que las moléculas de color permanente
    d) son más pequeñas que las moléculas de color temporal _____

28. La categoría de coloración que es considerada semipermanente:
    a) requiere de una prueba de parche
    b) requiere amoníaco
    c) penetra la corteza
    d) dura de 4 a 6 semanas _____

29. La coloración semipermanente de larga duración deposita color pero no:
    a) penetra el tallo del cabello
    b) eleva el color
    c) cubre el cabello sin pigmentación
    d) requiere de una prueba de parche _____

30. Durante los últimos años, la coloración semipermanente de larga duración ha sido utilizada exclusivamente sobre __ del cabello previamente coloreado.
    a) el nuevo brote
    b) las zonas resistentes
    c) la parte media hasta las puntas
    d) el área de la base _____

31. El único tipo de coloración que ejerce una acción elevadora en el cabello es la:
    a) temporal
    b) permanente
    c) semipermanente
    d) semipermanente de larga duración _____

32. Las coloraciones permanentes son consideradas permanentes porque las moléculas del tinte:
    a) quedan atrapadas en la corteza
    b) cubren la corteza
    c) quedan atrapadas en la cutícula
    d) tiñen la cutícula _____

33. Las coloraciones permanentes contienen precursores incoloros de teñido denominados:
    a) rellenos de color
    b) tonificantes
    c) oxidantes de tinte
    d) derivados de la anilina _____

34. Un agente que al mezclarse con una coloración oxidativa provee el oxígeno necesario para desarrollar moléculas de color y modificar el color del cabello se denomina:
    a) agente alcalino
    b) oxidante de tinte
    c) derivado de la anilina
    d) amoníaco _____

35. El oxidante más comúnmente utilizado en la coloración es:
   a) el amoníaco
   b) el oxígeno
   c) la anilina
   d) el peróxido de hidrógeno _____

36. Los oxidantes de tinte tienen un pH de entre:
   a) 4 y 6,5
   b) 10 y 13
   c) 2,5 y 4,5
   d) 8,5 y 10,5 _____

37. El peróxido de hidrógeno utilizado para lograr la mayor elevación en un único servicio es de:
   a) 10 volúmenes
   b) 30 volúmenes
   c) 20 volúmenes
   d) 40 volúmenes _____

38. El henna es un tipo de:
   a) tintura metálica
   b) tinte oxidante
   c) coloración natural del cabello
   d) coloración semipermanente _____

39. Las coloraciones graduales, vendidas históricamente para hombres, son también denominadas:
   a) coloraciones vegetales
   b) coloraciones metálicas
   c) coloración para hombres
   d) tintes oxidantes _____

40. Los aclaradores trabajan:
   a) eliminando la melanina
   b) tonificando la melanina
   c) destruyendo la melanina
   d) dispersando la melanina _____

41. Tan pronto como el peróxido de hidrógeno se mezcla con una fórmula aclaradora, comienza a:
   a) agregar hidrógeno
   b) liberar oxígeno
   c) oscurecer la melanina
   d) reducir el oxígeno _____

42. Los tonificantes se utilizan principalmente en:
   a) cabello con coloración permanente
   b) cabello brillante
   c) cabello preaclarado
   d) cabello dañado _____

43. Cuando se decolora el cabello del cliente, la meta es crear el grado correcto de:
   a) pigmento de contribución
   b) porosidad
   c) amarillo
   d) color final _____

44. El cabello nunca debe ser elevado con aclarador más allá del:
   a) amarillo dorado
   b) oro
   c) blanco
   d) amarillo pálido _____

45. La parte más importante de un servicio de coloración es:
    a) el tratamiento   c) la consulta
    b) el peinado   d) el enjuague   _____

46. Una consulta con el cliente para coloración debe incluir:
    a) examinar al cliente en el   c) recomendar una opción
       espejo
    b) establecer el costo del   d) reservar otros 5
       servicio   minutos adicionales   _____

47. Una declaración de exoneración se utiliza principalmente
    para explicar:
    a) los daños por los que el   c) si el cabello está en
       cliente no podrá demandarlo   condiciones para recibir
                                      color
    b) su seguro de   d) que no puede ser
       mala praxis   demandado por errores
                                      en la coloración   _____

48. Se realiza una prueba de predisposición para determinar:
    a) los resultados de la coloración   c) el método de aplicación
                                            adecuado
    b) la alergia a la anilina   d) el tiempo de procesamiento _____

49. Se debe realizar una prueba preliminar de mechón:
    a) si el cliente la pide   c) en la zona inferior de
                                      la coronilla
    b) si se va a cortar el cabello d) en la nuca   _____

50. Una vez que se ha aplicado el enjuague de coloración temporal:
    a) enjuague con agua tibia   c) coloque una gorra plástica
    b) aplique acondicionador   d) peine según se desee _____

51. La correcta "absorción" de la coloración semipermanente
    depende:
    a) del patrón de ondulación   c) de la porosidad
       del cabello   del cabello
    b) de la fuerza de la fórmula d) del volumen del cabello _____

52. El procedimiento de aplicación de una coloración
    semipermanente de larga duración es similar al de la:
    a) coloración temporal   c) coloración permanente
    b) aclaración de laminado   d) coloración semipermanente _____

53. En un proceso doble de coloración, el aclarador es seguido por
    la aplicación de:
    a) removedor de tinte   c) color de depósito
    b) blanqueador   d) presuavizador   _____

54. El cabello en el cuero cabelludo procesa más rápidamente el color gracias:
   a) al calor corporal
   b) al incompleto crecimiento de la melanina
   c) a las cutículas más abiertas
   d) a la mayor porosidad   _____

55. Superponer cabello coloreado o aclarado anteriormente puede:
   a) producir áreas desparejas
   b) crear líneas de demarcación
   c) retardar el crecimiento del cabello
   d) irritar el cuero cabelludo   _____

56. Sólo se puede aplicar coloración semipermanente de larga duración a las puntas del cabello durante un procedimiento de retoque si:
   a) el color es más oscuro
   b) así lo requiere el fabricante
   c) el color está desteñido
   d) han pasado cuatro semanas entre retoques   _____

57. El aclarador oleoso se utiliza para:
   a) efectuar una recuperación de tono
   b) retirar la coloración antigua
   c) elevar cuatro o más niveles
   d) elevar uno o dos niveles   _____

58. Los aclaradores en crema pueden ser mezclados con cristales secos conocidos como:
   a) activadores
   b) rellenos
   c) aclaradores de rubio
   d) eliminadores de coloración   _____

59. Los aclaradores no aptos para el cuero cabelludo:
   a) tienden a correrse y a gotear
   b) son muy suaves
   c) se presentan en forma de polvo
   d) se utilizan para retoques   _____

60. Los aclaradores en polvo no se deben utilizar para:
   a) aclaración de laminado
   b) balayage
   c) aclaración no apta para el cuero cabelludo
   d) servicios de retoque   _____

61. El cabello requiere mayor tiempo para aclararse mientras:
   a) más fuerte sea el aclarador
   b) más melanina tenga
   c) menos poroso sea
   d) menos rojo haya en el color natural   _____

62. Cuando se utiliza calor junto con químicos aclaradores, se suaviza el cabello y lo puede hacer:
   a) más lento de procesar
   b) más resistente
   c) más fuerte
   d) más frágil
   _____

63. Si una prueba preliminar de mechón para aclarado indica que el cabello no tiene suficiente aclarado, se puede:
   a) aumentar el tiempo de procesamiento
   b) reacondicionar el cabello
   c) reducir el tiempo de procesamiento
   d) reducir la intensidad de la mezcla
   _____

64. Las divisiones del cabello para aplicar el aclarador deberán ser de:
   a) 2,5 cm.
   b) 0,6 cm.
   c) 1,27 cm.
   d) 0,3 cm.
   _____

65. En un procedimiento de aclarado, al revisar el mechón que se va a aclarar, se deberá:
   a) secar el mechón con secador
   b) frotar el mechón con una toalla húmeda
   c) secar el mechón con una toalla húmeda
   d) lavar el mechón con shampoo
   _____

66. Antes de utilizar un tonificante se debe conseguir el/la adecuado/a:
   a) nivel
   b) base
   c) textura
   d) tono
   _____

67. Existen __ grados de decoloración.
   a) 10
   b) 3
   c) 5
   d) 7
   _____

68. Cuando se aplica un aclarador de modo tal que se superpone a un cabello ya aclarado antes:
   a) se necesita un tonificante
   b) el cabello puede no aceptar el color
   c) se necesita un shampoo con color
   d) puede ocurrir un resquebrajamiento
   _____

69. El uso de acondicionador en el cabello al finalizar la aplicación de un tonificante:
   a) abre la cutícula
   b) disminuye el pH
   c) aumenta el pH
   d) sella el color
   _____

70. A la coloración de algunos mechones de cabello con un tono más claro que el color natural se le llama:
    a) realce
    b) iluminación inversa
    c) oscurecimiento
    d) aclarado
    _____

71. El oscurecimiento es la técnica de teñir mechones de cabello:
    a) para contrarrestar tonos estridentes
    b) más oscuros que el color natural
    c) más claros que el color natural
    d) con rojo si el realce es colorado
    _____

72. El grado de realce u oscurecimiento que se puede obtener con la técnica con gorra depende de:
    a) el tamaño del gancho
    b) el tamaño de los huecos
    c) cuánto aclarador se aplique
    d) el número de mechones que se extraigan
    _____

73. Un registro completo de coloración debe incluir:
    a) la firma del cliente
    b) la cantidad de cabello cortado
    c) la condición del cuero cabelludo del cliente
    d) el peinado que se desea
    _____

74. Aplicar un aclarador directamente sobre el cabello ya limpio y peinado se conoce como:
    a) técnica con gorra
    b) técnica balayage
    c) técnica de iluminación inversa
    d) técnica de laminado
    _____

75. Si el cliente tiene tonos naranja no deseados, utilice una coloración con una:
    a) base violeta
    b) base verde
    c) base azul
    d) base amarilla
    _____

76. El presuavizado se realiza en canas o cabello muy resistente para:
    a) abrir la cutícula
    b) suavizar la melanina
    c) crear una calidez agregada
    d) abrir la corteza
    _____

77. Los rellenos se utilizan para equilibrar la porosidad y:
    a) difuminar la melanina
    b) depositar un color base
    c) eliminar la acumulación de color
    d) abrir la cutícula
    _____

78. La técnica de laminado del aclarado se puede hacer con el tramado o:
    a) con ganchos
    b) pintado
    c) plegado
    d) deslizamiento
    _____

79. Se puede eliminar el tinte si:
    a) la coloración es muy clara
    b) la coloración es muy oscura
    c) el cabello no absorbe el tonificante
    d) el aclarador no se elevó lo suficiente
    _____

80. Cuando se realiza una vuelta al color natural:
    a) se puede utilizar un relleno
    b) se debe utilizar un aclarador
    c) el cabello puede necesitar un corte
    d) el cabello debe ser presuavizado
    _____

81. Después que se ha mezclado y usado un tinte, lo que quede:
    a) debe ser cerrado firmemente
    b) es seguro de usar durante 24 horas
    c) debe ser descartado
    d) se vuelve de un color semipermanente
    _____

82. Al formular un color permanente para un cabello que es de 10–30% gris, el color a elegir deberá ser:
    a) 2 partes del nivel deseado y 1 parte del nivel más claro
    b) el nivel deseado
    c) partes iguales del nivel deseado y del nivel más claro
    d) 1 nivel más claro
    _____

83. Al seleccionar un relleno de color:
    a) debe reducir el color primario adicional
    b) debe reemplazar el color primario que falta
    c) debe reemplazar el color secundario que falta
    d) reducir el color secundario adicional
    _____

84. El primer paso para disimular un rubio estridente es:
    a) identificar el color actual del rubio
    b) quitar el tinte con removedor de tinte
    c) realizar una prueba de parche
    d) usar una tintura con base violeta
    _____

85. Un shampoo con color implica utilizar un shampoo con:
    a) relleno
    b) blanqueador de aceite
    c) un enjuague de color
    d) tinte
    _____

86. Un shampoo de realce es la combinación de shampoo y:
    a) un tinte semipermanente
    b) peróxido de hidrógeno
    c) un tinte derivado de la anilina
    d) un blanqueador de aceite _____

87. Un ejemplo de una aplicación de coloración en dos pasos es:
    a) presuavizado y tintura
    b) acondicionamiento y tonificación
    c) lavado con shampoo y aplicación de color temporal
    d) lavado con shampoo y aplicación de color semipermanente de larga duración _____

88. Un tono "gris pavonado" es:
    a) un grado de decoloración
    b) un tono de gris deseable
    c) una señal de que el cabello es excesivamente poroso
    d) el color de un 50% de cabello sin pigmentación _____

89. El brillo, que se utiliza a veces para dar al cabello resplandor y tono, es por lo general un:
    a) color semipermanente de larga duración
    b) color permanente
    c) aclarador apto para el cuero cabelludo
    d) color temporal _____

90. A los servicios de realce también se les conoce como:
    a) aclarado temporal
    b) coloración dimensional del cabello
    c) aclarado parcial
    d) coloración tridimensional _____

91. Cuando se desee conseguir un cambio de tono sutil o cuando el cabello del cliente sea fácil de procesar, se considerará el uso de:
    a) tinte con shampoo de realce
    b) acondicionador de realce
    c) coloración permanente
    d) enjuague de color temporal _____

Histología de la piel

1. Al estudio de la piel y su naturaleza, estructura, funciones, enfermedades y tratamiento se le conoce como:
   a) tricología
   b) dermatología
   c) etiología
   d) patología
   _____

2. Un especialista en la limpieza, preservación de la salud y embellecimiento de la piel y el cuerpo es un:
   a) patólogo
   b) experto en tricología
   c) esteticista
   d) dermatólogo
   _____

3. La piel sana está:
   a) ligeramente ácida
   b) libre de bacterias
   c) ligeramente alcalina
   d) libre de sebo
   _____

4. La piel es más delgada en:
   a) el dorso de la mano
   b) los párpados
   c) las cejas
   d) la frente
   _____

5. De toda la piel del cuerpo, la más gruesa está en:
   a) el abdomen
   b) los muslos
   c) las rodillas y los codos
   d) las palmas y las plantas
   _____

6. La capa más externa protectora de la piel se denomina:
   a) adiposa
   b) epidermis
   c) reticular
   d) dermis
   _____

7. La epidermis no contiene:
   a) vasos sanguíneos
   b) queratina
   c) melanocitos
   d) terminaciones nerviosas
   _____

8. Los nervios, los folículos pilosos, las papilas, las glándulas sudoríparas y sebáceas se encuentran en:
   a) la epidermis
   b) la piel envolvente
   c) el tejido subcutáneo
   d) la dermis
   _____

9. El stratum corneum contiene células en forma de escamas hechas de:
   a) melanina
   b) queratina
   c) sebo
   d) elastina
   _____

10. La capa de la epidermis que continuamente está siendo desechada y reemplazada se denomina:
    a) stratum germinativum
    b) stratum lucidum
    c) stratum granulosum
    d) stratum corneum
    _____

11. El stratum corneum también se conoce como la:
    a) capa basal
    b) capa córnea
    c) capa clara
    d) capa granular
    _____

12. El crecimiento de la epidermis empieza en:
    a) el stratum corneum
    b) el stratum granulosum
    c) el stratum germinativum
    d) el stratum lucidum
    _____

13. La melanina, que protege las células sensibles de lo s destructivos efectos del exceso de los rayos UV, se encuentra en __ de la epidermis.
    a) el stratum granulosum
    b) el stratum germinativum
    c) el stratum corneum
    d) el stratum lucidum
    _____

14. Los estratos reticular y papilar se encuentran en:
    a) el subcutis
    b) la piel envolvente
    c) la piel verdadera
    d) la capa de Malpighi
    _____

15. Las pequeñas elevaciones en forma de cono en la base de los folículos pilosos son:
    a) los corpúsculos táctiles
    b) los melanocitos
    c) el arrector pili
    d) las papilas
    _____

16. La capa de la dermis que aporta oxígeno y nutrientes es:
    a) el estrato reticular
    b) el stratum germinativum
    c) el estrato papilar
    d) la derma
    _____

17. Un tejido subcutáneo es una:
    a) capa clara
    b) capa adiposa
    c) capa altamente sensible
    d) capa granular
    _____

18. La piel se nutre de:
    a) sebo
    b) melanina
    c) queratina
    d) sangre y linfa
    _____

19. Las fibras nerviosas sensorias de la piel reaccionan ante:
    a) la luz
    b) el miedo
    c) el frío
    d) la secreción de aceite
    _____

20. Las fibras nerviosas motoras de la piel:
    a) provocan piel de gallina
    b) excretan la transpiración
    c) reaccionan al calor
    d) controlan el flujo de sebo
    _____

21. La piel obtiene su resistencia, forma y flexibilidad de:
    a) la queratina y la melanina
    b) la sangre y la linfa
    c) el colágeno y la elastina
    d) los nervios sensorios
       y motores
    _____

22. Una fibra de proteína que ayuda a la piel a recobrar su forma,
    aún después de haber sido estirada repetidamente es:
    a) el sebo
    b) el tejido adiposo
    c) la queratina
    d) la elastina
    _____

23. Las glándulas sudoríparas regulan:
    a) la temperatura corporal
    b) el flujo de aceite
    c) el exceso de sequedad
    d) la respuesta emocional
    _____

24. Las glándulas sebáceas se encuentran en todas las partes
    del cuerpo excepto en:
    a) el rostro y el cuero cabelludo
    b) la frente
    c) las palmas y las plantas
    d) los párpados
    _____

25. A los pequeños orificios de las glándulas sudoríparas de la piel
    se les llama:
    a) fondos
    b) folículos
    c) conductos
    d) poros sudoríparos
    _____

26. La excreción de sudor de la piel es controlada por el:
    a) sistema circulatorio   c) sistema nervioso
    b) sistema muscular   d) sistema endocrino   _____

27. Las palmas, plantas, frente y axilas contienen en particular bastantes:
    a) folículos pilosos   c) glándulas salivales
    b) glándulas sudoríparas   d) glándulas sebáceas   _____

28. Las glándulas sebáceas secretan:
    a) espinillas   c) aceite
    b) sales   d) transpiración   _____

29. El conducto de la glándula sebácea se abre en:
    a) el folículo piloso   c) el poro sudoríparo
    b) el caudal sanguíneo   d) el fondo   _____

30. La función del sebo es:
    a) promover el crecimiento   c) excretar la transpiración
       de piel nueva
    b) lubricar la piel   d) reducir los callos   _____

31. La sangre y las glándulas sudoríparas de la piel regulan el calor corporal al mantener una temperatura Fahrenheit de:
    a) 98.6°   c) 86.9°
    b) 93.5°   d) 96.8°   _____

32. Aproximadamente entre el 80 a 85 por ciento del envejecimiento de la piel es causado por:
    a) una mala alimentación   c) los rayos solares
    b) la falta de ejercicio   d) los factores hereditarios   _____

33. Los tejidos de la piel se arrugan y aflojan por el debilitamiento de:
    a) los músculos arrector pili   c) las capas de la epidermis
    b) las fibras de colágeno y elastina   d) los folículos pilosos   _____

34. Los rayos ultravioletas del sol que también son llamados "rayos del envejecimiento" son los:
    a) rayos UVB   c) rayos UVA
    b) rayos visibles   d) rayos infrarrojos   _____

35. Los "rayos que producen quemaduras" que pueden dañar la piel y los ojos son:
    a) los rayos infrarrojos
    b) los rayos UVA
    c) los rayos azules
    d) los rayos UVB
    _____

36. La exposición a los rayos ultravioletas es mayor entre las:
    a) 10 de la mañana. y 3 . de la tarde
    b) 8 de la mañana y 6 de la tarde
    c) 9 de la mañana y 1 de la tarde
    d) 10 de la mañana y 5 de la tarde
    _____

37. Los rayos (UVB) provocan el bronceado de la piel al actuar sobre:
    a) las fibras de elastina
    b) los melanocitos
    c) las fibras de colágeno
    d) las papilas
    _____

38. La nicotina presente en el tabaco provoca la contracción y el debilitamiento de:
    a) las fibras de colágeno
    b) los huesos craneales
    c) los nervios faciales
    d) los vasos sanguíneos
    _____

39. La ingesta excesiva de alcohol:
    a) contrae los vasos sanguíneos
    b) crea tejido cicatrizante
    c) dilata en exceso los vasos sanguíneos
    d) lleva agua a los tejidos
    _____

40. Si el cliente presenta un trastorno de inflamación de la piel que no es infeccioso, se deberá:
    a) usar guantes
    b) sugerir un autotratamiento
    c) prescribir un tratamiento
    d) derivar al cliente a un médico
    _____

41. Una pápula es:
    a) una hipertrofia de la piel
    b) una lesión primaria de la piel
    c) una lesión secundaria de la piel
    d) un síntoma subjetivo
    _____

42. Es más probable hallar pus en:
    a) vesículas
    b) máculas
    c) pústulas
    d) leucodermia
    _____

43. El roble venenoso y la hiedra venenosa provocan:
    a) vesículas
    b) ronchas
    c) excoriación
    d) pápulas
    _____

44. Las lesiones de la piel en labios y manos agrietadas son:
    a) pápulas   c) manchas
    b) tumores   d) fisuras   _____

45. Un saco cerrado, desarrollado en forma anormal, que contiene materia fluida, semifluida, o mórbida es:
    a) un quiste   c) una pápula
    b) un queloide   d) una pústula   _____

46. Después que una herida se cura, se puede desarrollar un/una __ .
    a) forúnculo   c) cicatriz
    b) vesícula   d) carbunco   _____

47. Una masa celular anormal es conocida como:
    a) mácula   c) pápula
    b) tumor   d) queloide   _____

48. Antes que una herida o mancha se cure por completo, es probable se cubra con:
    a) una cicatriz   c) una costra
    b) un quiste   d) un queloide   _____

49. La caspa es un ejemplo de:
    a) milia   c) un trastorno de las
                               glándulas sebáceas
    b) escamas   d) fisura   _____

50. Comedón es el nombre técnico para:
    a) espinilla   c) nevus
    b) mácula   d) puntos blancos   _____

51. Milia es el nombre técnico para:
    a) granos   c) puntos blancos
    b) nevus   d) espinillas   _____

52. Los trastornos de las glándulas sebáceas *no* incluyen:
    a) la miliaria rubra   c) la rosácea
    b) el acné   d) la asteatosis   _____

53. El acne, o granos comunes, se conoce también como acné simple o:
    a) acné singularis   c) acné rosáceo
    b) acné vulgar   d) acne cístico   _____

54. La Rosácea es una congestión crónica de las mejillas y la nariz caracterizada por:
   a) ampollas febriles
   b) la piel seca
   c) la dilatación de los vasos sanguíneos
   d) la inflamación de las glándulas sudoríparas _____

55. Uno de los síntomas de la asteatosis es:
   a) la presencia de ampollas febriles
   b) la piel seca
   c) la piel grasa
   d) la presencia de ampollas claras transparentes _____

56. En la seborrea, el aspecto de la piel es:
   a) grasoso y brillante
   b) escamoso
   c) rojizo y manchado
   d) seco y opaco _____

57. Los esteatomas suelen aparecer en:
   a) las piernas
   b) los brazos
   c) el cuero cabelludo
   d) el rostro _____

58. Bromidrosis significa:
   a) exceso de sebo
   b) falta de sebo
   c) olor fétido del sudor
   d) falta de transpiración _____

59. A la sudoración excesiva se le llama:
   a) hiperhidrosis
   b) asteatosis
   c) anhidrosis
   d) bromidrosis _____

60. La gente que se expone al calor excesivo puede desarrollar una dolencia conocida como:
   a) anhidrosis
   b) eccema
   c) bromidrosis
   d) miliaria rubra _____

61. El eccema es una inflamación de la piel que se caracteriza por la presencia de:
   a) tumores adiposos
   b) lesiones secas o húmedas
   c) escamas blanco-plateadas
   d) ampollas febriles _____

62. Parches rojos cubiertos por escamas blanco-plateadas pueden indicar la existencia de:
    a) herpes simple
    b) seborrea
    c) eccema
    d) psoriasis

    _____

63. El herpes simple es un/una __ recurrente:
    a) infección viral
    b) infección bacteriana
    c) enfermedad no contagiosa
    d) virus de 24 horas

    _____

64. Ciertos químicos hallados en los cosméticos pueden provocar:
    a) miliaria rubra
    b) dermatitis simple
    c) irritación profesional simple
    d) dermatitis venenata

    _____

65. El nombre común para lentigines es:
    a) callos
    b) pecas
    c) marcas de nacimiento
    d) verrugas

    _____

66. El albinismo se caracteriza por:
    a) la ausencia de melanina
    b) el exceso de melanina
    c) la ausencia de sebo
    d) el exceso de crecimiento de piel

    _____

67. A las manchas del hígado se les conoce técnicamente como:
    a) leucodermia
    b) cloasma
    c) nevus
    d) plasma

    _____

68. El trastorno de la piel que se clasifica en forma amplia como vitiligo y albinismo se denomina:
    a) carcinoma
    b) hipertrofia
    c) cloasma
    d) leucodermia

    _____

69. Una decoloración anormal de la piel que ocurre al envejecer o después de ciertas enfermedades se conoce como:
    a) mancha
    b) nevus
    c) lentigo
    d) hipertrofia

    _____

70. Una mancha de nacimiento también es conocida como:
    a) mancha
    b) nevus
    c) cloasma
    d) leucodermia

    _____

71. La continua presión o fricción de manos y pies puede resultar en la formación de:
    a) una verruga
    b) un tumor
    c) un queratoma
    d) un nevus

    _____

72. A una hipertrofia que ocurre con más frecuencia en el cuello de una persona mayor se le llama:
    a) verruga
    b) papiloma cutáneo
    c) queratoma
    d) lunar
    _____

73. La hipertrofia que es causada por un virus y es infecciosa es:
    a) la verruga
    b) el lunar
    c) el papiloma cutáneo
    d) el queratoma
    _____

74. El tipo más común y menos grave de cáncer de piel se denomina:
    a) queratoma maligno
    b) melanoma maligno
    c) carcinoma basocelular
    d) leucodermia
    _____

75. Los parches de color negro o marrón oscuro en la piel que pueden tener una textura dispareja, dentada o elevada son característicos del:
    a) melanoma maligno
    b) carcinoma basocelular
    c) vitíligo
    d) herpes simple
    _____

76. Un cáncer de piel caracterizado por nódulos o pápulas rojas y escamosas se denomina:
    a) leucodermia
    b) melanoma maligno
    c) carcinoma espinocelular
    d) carcinoma basocelular
    _____

77. La vitamina que promueve la producción de colágeno en la piel es:
    a) la vitamina E
    b) la vitamina A
    c) la vitamina D
    d) la vitamina C
    _____

78. El ácido retinoico o Retin-A es la forma tópica de:
    a) vitamina A
    b) vitamina E
    c) vitamina D
    d) vitamina C
    _____

79. La vitamina E, cuando es utilizada con la vitamina A, ayuda a proteger la piel de los efectos dañinos de:
    a) el abuso del alcohol
    b) una mala alimentación
    c) los rayos solares
    d) la falta de ejercicio
    _____

80. El agua constituye del ___ por ciento del peso del cuerpo.
    a) 50 al 70
    b) 80 al 90
    c) 20 al 30
    d) 40 al 50
    _____

Depilación

1. Al crecimiento de una cantidad inusual de vello en partes del cuerpo donde generalmente crece poco vello se le llama:
    a) monilétrix
    b) canas
    c) hirsutismo
    d) tricoptilosis _____

2. La electrólisis sólo puede ser llevada a cabo por un:
    a) cosmetólogo
    b) electrologista titulado
    c) instructor en cosmetología
    d) esteticista _____

3. La electrólisis elimina el vello por medio de:
    a) la depilación
    b) una luz intensa
    c) un rayo láser
    d) una corriente eléctrica _____

4. En la electrólisis, la corriente eléctrica se aplica con un:
    a) haz de láser
    b) electrodo
    c) enchufe
    d) rayo de luz _____

5. El método de depilación que utiliza luz intensa para destruir los folículos pilosos se denomina:
    a) fotodepilación
    b) depilación con láser
    c) enhebrado
    d) electrólisis _____

6. La fotodepilación puede proporcionar de __ por ciento de eliminación del vello en 12 semanas.
    a) un 20 a un 30
    b) un 90 a un 100
    c) un 70 a un 80
    d) un 50 a un 60 _____

7. En la depilación con láser, se utiliza un haz de láser para deteriorar los:
    a) folículos pilosos
    b) nervios
    c) capilares
    d) músculos _____

8. El requisito absoluto para la depilación con láser es que el vello debe ser:
   a) fino y suave
   b) de rubio pálido a blanco
   c) más claro que la piel
   d) más oscuro que la piel
   _____

9. El factor determinante para que un cosmetólogo pueda realizar o no una fotodepilación o depilación con láser en los clientes depende de:
   a) las leyes estatales o provinciales
   b) las instrucciones del fabricante
   c) la instrucción en una escuela de cosmetología
   d) la formación del fabricante
   _____

10. El vello afeitado se siente más grueso porque:
   a) la raíz del cabello se agranda
   b) el folículo se contrae
   c) las puntas del vello están rectas
   d) la piel se contrae
   _____

11. Al preparar a un cliente con piel normal para un afeitado, se limpia el rostro con una:
   a) toalla muy húmeda
   b) toalla tibia
   c) toalla fría
   d) toalla caliente
   _____

12. Para suavizar las cejas antes de depilar con pinzas, se colocan apósitos de algodón o una toalla empapada con __ sobre las cejas.
   a) astringente
   b) alcohol
   c) agua fría
   d) agua tibia
   _____

13. Durante la depilación de las cejas con pinzas, se debe limpiar con algodón humedecido en:
   a) solución desinfectante
   b) agua jabonosa
   c) loción antiséptica
   d) agua tibia
   _____

14. Después de completar la depilación con pinzas hay que humedecer las cejas y la piel circundante con:
   a) desinfectante de pinceles
   b) agua tibia
   c) agua jabonosa
   d) astringente
   _____

15. En la depilación electrónica con pinzas, la energía de radiofrecuencia se transmite por el tallo del cabello provocando la deshidratación de:
   a) la dermis
   b) la papila
   c) la epidermis
   d) el nervio
   _____

16. El método para eliminar el vello superfluo disolviéndolo a nivel de la piel utiliza:
    a) un depilatorio
    b) un hilo de algodón
    c) un haz de láser
    d) una crema depilatoria _____

17. Cuando se aplica una crema depilatoria, el vello se expande y:
    a) la cutícula es eliminada
    b) la textura cambia
    c) los enlaces de bisulfuro se rompen
    d) los enlaces de polipéptidos se rompen _____

18. Un depiladorio elimina el vello superfluo:
    a) arrancándolo del folículo
    b) disolviéndolo a nivel de la piel
    c) destruyendo la raíz del cabello
    d) deteriorando los folículos _____

19. El tiempo entre sesiones de depilación con cera es generalmente:
    a) de 1 a 2 semanas
    b) de 4 a 6 semanas
    c) de 3 a 4 meses
    d) de 4 a 6 meses _____

20. Para que la depilación con cera sea efectiva, el largo del vello deberá ser al menos:
    a) de 0,6 a 1,2 cm.
    b) de 1,2 a 2,5 cm.
    c) de 0,3 a 0,6 cm.
    d) de 2,5 a 3,75 cm. _____

21. Se deberá probar la temperatura de la cera caliente sobre:
    a) la punta del dedo
    b) la muñeca del cliente
    c) la muñeca
    d) papel de cera _____

22. En un tratamiento con cera caliente, ésta se deberá esparcir:
    a) en la dirección del crecimiento del cabello
    b) tan espesa como sea posible
    c) en sentido contrario a la dirección del crecimiento del cabello
    d) de 3 a 5 veces _____

23. Al depilar con cera, una regla importante a tener en cuenta es:
    a) tirar de la banda de textura en forma derecha
    b) usar guantes desechables
    c) sumergir dos veces
    d) aplicar más cera sobre los lunares _____

24. Un método de depilación temporal del vello que produce los mismos resultados que la cera caliente o fría es:
    a) la depilación con azúcar
    b) la depilación con pinzas
    c) el afeitado
    d) la depilación electrónica con pinzas _____

Faciales

1. Todos los procedimientos de limpieza facial comienzan con un limpiador y terminan con la aplicación de un/una:
   a) peeling con enzimas
   b) exfoliante
   c) crema de tratamiento
   d) loción tonificante

   D

2. Para los clientes que gustan de limpiadores faciales que forman espuma y una "limpieza a fondo", se puede usar:
   a) limpiador facial
   b) crema limpiadora
   c) loción limpiadora
   d) crema de tratamiento

   A

3. La piel muy seca o madura se limpia mejor con:
   a) agua y jabón
   b) limpiador facial
   c) crema limpiadora
   d) loción limpiadora

   C

4. Las lociones tonificantes:
   a) relajan los poros
   b) aumentan el pH de la piel
   c) se usan antes de la limpieza
   d) eliminan el exceso de limpiador

   B

5. Las lociones tonificantes con el más bajo contenido de alcohol son:
   a) lociones tonificantes de la piel
   b) refrescantes
   c) astringentes
   d) exfoliantes

   C

6. Los astringentes se utilizan mayormente en:
   a) piel normal
   b) piel madura
   c) piel seca
   d) piel grasa

   D

7. La exfoliación es el peeling y eliminación de:
   a) los folículos pilosos
   b) la capa córnea de la piel
   c) el estrato adiposo
   d) la capa dérmica

   A

8. Los productos para exfoliación mecánica incluyen:
   a) peelings de papaína
   b) alfahidroxiácidos
   c) cremas para masajes
   d) exfoliantes de granos

   D

9. La microdermoabrasión es un método de exfoliación que utiliza cloruro de aluminio y otros cristales para:
   a) disolver las células de la superficie de la piel
   b) raspar la capa córnea
   c) descomponer la queratina
   d) restregar y eliminar las células muertas

   D

10. Las enzimas queratolíticas ayudan a acelerar la descomposición de:
    a) la dermis
    b) el colágeno
    c) la melanina
    d) la queratina

    B

11. A los peeling con enzimas que contienen parafina o harina de avena también se les llama:
    a) microdermoabrasión
    b) peeling verde
    c) peeling vegetal
    d) enzimas en polvo

    D

12. Los peelings con enzimas que utilizan enzimas en polvo:
    a) no se usan si existe acné
    b) permanecen blandos durante la aplicación
    c) secan formando costra
    d) ajustan las aberturas de los folículos

    D

13. Los alfahidroxiácidos se obtienen mayormente de:
    a) los ácidos gástricos
    b) los compuestos cuaternarios
    c) las frutas
    d) los productos secundarios de la carne vacuna

    C

14. Antes que un cliente sea exfoliado con alfahidroácido, deberá primero utilizarlo en casa durante dos semanas con una concentración de de:
    a) 5% a 10%
    b) 10% a 20%
    c) 1% a 3%
    d) 20% a 25%

    A

15. Las cremas de tratamiento se utilizan para hidratar y acondicionar la piel:
    a) bajo el maquillaje
    b) durante la noche
    c) al final de un tratamiento facial
    d) dos veces por semana

    C

16. Los productos ideales para usar como crema diurna o base de maquillaje son:
    a) las cremas nutritivas
    b) los alfahidroxiácidos
    c) las hidratantes
    d) las máscaras (packs)
    _____

17. Las máscaras faciales:
    a) se aplican antes de la limpieza
    b) permanecen suaves y cremosas sobre la piel
    c) todas se aplican sobre la gasa
    d) proporcionan un cierre completo al ambiente
    _____

18. Un tipo de máscara facial que se derrite ante de aplicar y luego se endurece sobre la piel es la:
    a) máscara de azufre
    b) máscara de arcilla
    c) máscara de parafina
    d) máscara de modelaje
    _____

19. Las mascarillas de arcilla:
    a) se endurecen hasta tomar una consistencia similar a la de una vela
    b) aumentan su calor a medida que se fijan
    c) contienen azufre
    d) están listas para usar
    _____

20. Si una mascara de modelaje es parte del facial, no es recomendable:
    a) aplicar una crema de tratamiento
    b) realizar un masaje facial
    c) limpiar el rostro primero
    d) dejar que la máscara se enfríe sobre la piel
    _____

21. Las mascaras de azufre son particularmente útiles para:
    a) sellar la humedad en la piel
    b) tratar la piel seca, madura
    c) reducir la producción de sebo
    d) estimular la producción de sebo
    _____

22. El propósito de la gasa en un facial es:
    a) impedir que la máscara toque la piel
    b) retirar las mascaras fácilmente
    c) cumplir con las leyes sobre higiene
    d) mantener juntos los ingredientes de la máscara
    _____

23. Las aplicaciones únicas de extractos concentrados que se aplican en una crema de noche o una crema de masaje se presentan en:
    a) tubos
    b) gotas
    c) ampollas
    d) máscaras
    _____

24. Las contraindicaciones para ciertos tratamientos faciales incluyen la presencia de:
    a) implantes metálicos
    b) lunares
    c) pecas
    d) acné
    _____

25. Effluerage es un movimiento de masaje que se aplica en una forma:
    a) profunda de rotación con presión
    b) con golpeteos fuertes
    c) ligera, lenta, rítmica sin presión
    d) con pellizcos suaves
    _____

26. La dirección de un movimiento de masaje es siempre desde la:
    a) unión del músculo hacia la articulación
    b) unión fija del músculo a su unión móvil
    c) parte de origen del músculo hacia la inserción
    d) inserción del músculo hacia su origen
    _____

27. Petrissage es un movimiento de ___ .
    a) palmadas
    b) fricción
    c) amasado
    d) golpeteos
    _____

28. No se debe dar masaje a los clientes hipertensos o con problemas cardíacos porque eso:
    a) aumenta la circulación
    b) puede ser irritante
    c) exige que se recuesten
    d) aumenta la fuerza muscular
    _____

29. Una zona que el cosmetólogo no tiene autorizado masajear es:
    a) la pierna por debajo de la rodilla
    b) la parte superior del pecho
    c) la pierna por encima de la rodilla
    d) debajo del cuello
    _____

30. Los movimientos de fricción profunda son característicos del movimiento de masaje denominado:
    a) tapotement (masaje tapotement)
    b) fricción
    c) masaje effleurage
    d) vibración
    _____

31. Para dominar las técnicas de masaje, debe contar con conocimientos de anatomía y:
   a) histología
   b) psicología
   c) química
   d) fisiología
   _____

32. Los movimientos de masaje de amasado firme suelen producir:
   a) sensaciones calmantes
   b) estimulación profunda
   c) contracciones musculares
   d) sensaciones de enfriamiento
   _____

33. Tapotement es un:
   a) movimiento de golpeteo
   b) movimiento de vibración
   c) movimiento de apretado
   d) movimiento de fricción
   _____

34. La fricción profunda descendente es un ejemplo de:
   a) amasado
   b) masaje petrissage
   c) rodamiento
   d) fricción
   _____

35. El punto de la piel sobre el músculo donde la presión o estimulación causará la contracción de dicho músculo es denominado:
   a) vientre
   b) punto motor
   c) nervio motor
   d) nervio sensorio
   _____

36. La manipulación apropiada de los puntos motores:
   a) relajará al cliente
   b) proporciona la más profunda estimulación
   c) calentará los músculos para el masaje
   d) da a la piel luminosidad
   _____

37. La piel normal puede mantenerse con un masaje ___ .
   a) diario
   b) mensual
   c) semanal
   d) anual
   _____

38. El rodamiento se realiza mayormente sobre:
   a) los brazos
   b) las piernas
   c) la barbilla
   d) el cuello
   _____

39. Una forma de masaje tapotement que se aplica solamente en la espalda, hombros y brazos se denomina:
   a) rodamiento
   b) golpe con el canto
   c) amasamiento
   d) golpeteos
   _____

40. El movimiento de masaje más estimulante es:
    a) vibración
    b) amasado
    c) tapotement (masaje tapotement)
    d) fricción _____

41. Todo masaje debe comenzar y terminar con un/a:
    a) masaje effleurage
    b) tapotement (masaje tapotement)
    c) vibración
    d) fricción _____

42. El primer producto a usar en un tratamiento facial común para un cliente es:
    a) la loción hidratante
    b) la crema para masajes
    c) el desmaquillante para ojos
    d) la loción astringente _____

43. Todas las modalidades que se usan en el salón requieren de dos electrodos, uno negativo y uno positivo a excepción de:
    a) la farádica
    b) la de alta frecuencia
    c) la sinusoidal
    d) la galvánica _____

44. El aplicador que sirve para dirigir directamente la corriente eléctrica desde la máquina a la piel del cliente es un/una:
    a) cable
    b) modalidad
    c) electrodo
    d) aislante _____

45. Un electrodo positivo:
    a) tiene una ficha y un cable negro
    b) se denomina cátodo
    c) está marcado con una "N" o signo negativo
    d) está marcado con una "P" o un signo positivo _____

46. Cuando se usa la corriente galvánica, el electrodo pasivo:
    a) no se usa en el rostro del cliente
    b) se coloca al lado izquierdo del cuerpo
    c) es el electrodo negativo
    d) se usa en la zona a tratar _____

47. El proceso de ablandar y emulsionar los depósitos de grasa y espinillas de los folículos es denominado:
    a) terapia ultravioleta
    b) iontoforesis
    c) desincrustación
    d) anaforesis _____

48. Las corrientes farádicas y sinusoidales:
   a) hacen que se contraigan los músculos
   b) son corrientes térmicas
   c) producen cambios químicos
   d) tienen un efecto germicida _____

49. La electroterapia que es particularmente beneficiosa para la piel propensa al acné se aplica con una:
   a) corriente farádica
   b) corriente galvánica
   c) corriente de alta frecuencia
   d) corriente sinusoidal _____

50. Un electrodo de vidrio que emite chispas violetas opera sobre una:
   a) corriente galvánica
   b) corriente de alta frecuencia
   c) corriente farádica
   d) corriente sinusoidal _____

51. Cuando se aplica y se quita una corriente de alta frecuencia de la piel en una aplicación directa sobre la superficie:
   a) siempre se debe evitar las chispas
   b) el cliente sostiene el electrodo
   c) se mantiene el dedo sobre el electrodo
   d) se aplica el producto hacia la cara del cliente _____

52. El cliente sostiene el electrodo de tubo mientras el cosmetólogo le masajea el rostro en:
   a) aplicación de alta frecuencia indirecta
   b) desincrustación
   c) aplicación de alta frecuencia directa
   d) aplicación farádica _____

53. El tratamiento con rayos de luz es denominado:
   a) electroterapia
   b) cataforesis
   c) terapia de calor
   d) fototerapia _____

54. La luz que produce vitamina D en la piel y se puede utilizar para tratar el raquitismo, psoriasis y el acné es:
   a) la luz infrarroja
   b) la luz ultravioleta
   c) la luz roja
   d) la luz azul _____

55. La luz infrarroja:
   a) dilata los vasos sanguíneos y aumenta la circulación
   b) mejora el tono de la piel
   c) aumenta la eliminación de desechos
   d) produce efectos germicidas _____

56. Los dos tipos básicos de faciales son de conservación y:
    a) limpieza
    b) correctivos
    c) acné
    d) hidratantes
    _____

57. Los productos faciales se retiran de sus recipientes con:
    a) los dedos
    b) un papel tisú
    c) una espátula
    d) una cuchara
    _____

58. Al preparar al cliente para un facial, se debe colocar una toalla:
    a) alrededor de los pies del cliente
    b) sobre el respaldo de la cama para faciales
    c) alrededor del cuello del cliente
    d) sobre los hombros del cliente
    _____

59. Si se incluye la exfoliación o el arqueado de cejas en un facial, no se le deberá hacer:
    a) después de quitar el maquillaje
    b) después que el rostro recibe calor
    c) antes de limpiar el rostro
    d) después de quitar el limpiador del rostro
    _____

60. Cuando se da un facial, se deben aplicar máscaras para los ojos antes de:
    a) la limpieza del rostro
    b) realizar manipulaciones del rostro
    c) usar rayos infrarrojos
    d) aplicar loción astringente
    _____

61. Después de retirar las espinillas durante un facial para piel grasa, se aplica:
    a) toallas frías
    b) astringente
    c) una máscara de barro
    d) crema para masajes
    _____

62. Una vez que se han iniciado las manipulaciones faciales en el cliente, si se hace necesario retirar las manos:
    a) use movimientos livianos como plumas
    b) aplique una ligera presión y luego suelte
    c) use un movimiento corto, y abrupto
    d) hágalo rápidamente
    _____

63. En un facial básico, el último producto a aplicar suele ser:
    a) loción tonificante de la piel o refrescante
    b) hidratante o pantalla solar
    c) crema para masajes
    d) máscara de tratamiento
    _____

64. Para un cliente con acné, su papel generalmente es:
    a) trabajar estrechamente con el médico del cliente
    b) sugerir remedios médicos
    c) proporcionar servicios que ya ha efectuado en otros
    d) recomendar varios tratamientos del salón _____

65. Cuando el masaje es aplicado habilidosamente, beneficia a la piel:
    a) dando calor a la piel
    b) aumentando la circulación
    c) haciendo que la crema penetre la piel
    d) eliminando los desechos _____

66. Cuando se recibe un facial, una parte importante para el cliente resulta ser:
    a) la iluminación
    b) la conversación
    c) la relajación
    d) los refrescos _____

67. Los clientes pueden mostrarse insatisfechos con un servicio facial si:
    a) si les habla sobre futuras promociones
    b) no escuchan música suave
    c) ven demasiados productos
    d) usted se queda sin productos _____

68. La aromaterapia se define como el uso terapéutico de:
    a) velas
    b) aceites de dieta
    c) aceites esenciales
    d) aceites para baño _____

69. Al eliminar espinillas y comedones, en la piel:
    a) presione desde debajo del folículo
    b) use las uñas para apretar
    c) use las manos desnudas para un mejor control
    d) use los pulgares para apretar _____

70. Cuando se apliquen corrientes farádicas o sinusoidales, coloque el cátodo sobre el/la:
    a) origen del músculo
    b) zona media del músculo
    c) unión fija del músculo
    d) inserción del músculo _____

Maquillaje facial

1. El cosmético que se utiliza como base o película protectora es:
   a) la base
   b) el rubor
   c) el polvo
   d) el corrector

   A

2. La base líquida al agua de base cremosa con acabado tipo polvo es particularmente efectiva para:
   a) la piel seca
   b) la piel normal
   c) la piel grasa
   d) todo tipo de piel

   C

3. El corrector en recipiente
   a) puede usarse como base
   b) es el que más cobertura ofrece
   c) brinda una cobertura de ligera a media
   d) es de consistencia fluida

   B

4. El cosmético que le da un acabado mate u opaco al rostro es:
   a) el polvo
   b) el rubor
   c) el hidratante
   d) el corrector

   A

5. El polvo facial translúcido es:
   a) del mismo color que la base
   b) más oscuro que la base
   c) más claro que la base
   d) incoloro

   D

6. El cosmético también conocido como colorete es:
   a) el rubor
   b) la base
   c) el corrector
   d) el polvo facial

   A

7. El labial debe aplicarse con un pincel para labios empezando:
   a) en el pico del labio superior
   b) en la esquina del labio inferior
   c) en el medio del labio inferior
   d) en la esquina exterior del labio superior

   D

8. El delineador de labios ayuda a evitar que el labial se:
   a) decolore
   b) se vea demasiado oscuro
   c) resquebraje
   d) se seque

9. Al aplicar la sombra de ojos, como regla se deberá evitar:
   a) que la sombra de ojos haga juego con el color de los ojos
   b) que la sombra de ojos coordine con la ropa
   c) usar sombra de ojos clara y oscura juntas
   d) usar una sombra de ojos más oscura que el color del iris

10. Una sombra de ojos más oscura y profunda que el tono de piel del cliente se denomina:
    a) color de realce
    b) color neutro
    c) color de contorno
    d) color base

11. El delineador de ojos se utiliza para hacer que:
    a) las pestañas se vean más largas
    b) los ojos se vean más grandes
    c) el color de las pestañas coincida con el color de las cejas
    d) el color natural del iris se vea más oscuro

12. Para aplicar una línea cerca de la línea de las pestañas con un efecto más suave, se puede utilizar:
    a) el lápiz para cejas
    b) la base oscura
    c) la sombra de ojos
    d) el rimel

13. Al aplicar el color para cejas, se debe evitar:
    a) aplicarlo después de la depilación con pinzas o con cera
    b) el uso de los contrastes marcados entre el color del cabello y las cejas
    c) rellenar áreas poco pobladas
    d) aclarar las cejas

14. El rimel no está disponible en:
    a) forma de lápiz
    b) forma compacta
    c) forma líquida
    d) forma cremosa

15. Se puede utilizar un pincel en ángulo para aplicar:
    a) colorete
    b) labial
    c) sombras para cejas
    d) corrector

16. Los azules, verdes y violetas son:
    a) colores fríos
    b) colores secundarios
    c) colores cálidos
    d) colores complementarios

17. Los tres factores principales a tener en cuenta cuando se eligen colores de maquillaje para un cliente son el color de la piel, color de los ojos y:
    a) el color de la ropa
    b) el color del cabello
    c) el color de las uñas
    d) el color de las cejas

    _B_

18. Los colores complementarios para ojos azules incluyen:
    a) rosas y ciruelas
    b) grises y plateados
    c) durazno y cobre
    d) verdes y azules

    _C X_

19. Al elegir los colores de maquillaje para un cliente, se debe evitar:
    a) mezclar colores cálidos y fríos
    b) usar colores neutros
    c) usar todos los colores fríos
    d) usar todos los colores cálidos

    _A_

20. Antes de aplicar el maquillaje base:
    a) la piel debe estar hidratada
    b) el color del labial debe estar seleccionado
    c) la piel debe estar limpia
    d) se aplica el polvo facial

    _C_

21. El color de la base se prueba combinando sobre:
    a) la frente del cliente
    b) la línea de la mandíbula del cliente
    c) el párpado del cliente
    d) la muñeca del cliente

    _B_

22. El último cosmético a aplicar suele ser:
    a) el rubor
    b) el polvo facial
    c) el rimel
    d) el labial

    _d X_

23. En el maquillaje correctivo, una base de tono más claro:
    a) minimiza el área de tratamiento facial
    b) enfatiza el área de tratamiento facial
    c) corrige las manchas
    d) amplía o alarga una zona

    _D X_

24. El objetivo principal del maquillaje correctivo es crear la ilusión óptica de un:
    a) rostro oval
    b) rostro en forma de corazón
    c) rostro redondeado
    d) rostro en forma de diamante

    _A_

25. Se puede identificar a un cliente con un rostro triangular invertido (en forma de corazón) por:
    a) una frente elevada
    b) una línea de la mandíbula más ancha que la frente
    c) una frente angosta
    d) una línea de la mandíbula angosta y una frente ancha

26. El maquillaje correctivo para una nariz grande o prominente incluye:
    a) base más oscura en la nariz
    b) base más clara en la nariz
    c) base más oscura en las mejillas cerca de la nariz
    d) rubor puesto cerca de la nariz

27. Para reducir al mínimo los ojos separados y hacer que se vean más juntos, lo mejor es:
    a) mantener la línea de las cejas recta
    b) recortar la línea externa de las cejas en ambos lados
    c) extender las líneas de las cejas hacia las esquinas interiores de los ojos
    d) arquear las puntas de las cejas

28. Se puede corregir la piel ligeramente roja con una base:
    a) amarilla
    b) rojiza
    c) durazno
    d) rosa

29. Las pestañas postizas en tiras son:
    a) hechas sólo de cabello humano o pelo animal
    b) aplicadas antes del delineador de ojos
    c) unidas a los párpados una cada vez
    d) unidas a una banda

30. La aplicación de pestañas postizas individuales involucra:
    a) teñir las pestañas
    b) aplicar pestañas individuales
    c) quitar las pestañas artificiales
    d) aplicar pestañas en tira

Estructura y crecimiento de las uñas

1. Las uñas son un apéndice de:
   a) el cabello
   b) los músculos
   c) la piel
   d) el esqueleto   _____

2. Una uña sana luce:
   a) ligeramente rosa
   b) amarillenta
   c) ligeramente púrpura
   d) ligeramente azul   _____

3. El término técnico para referirse a la uña es:
   a) onicauxis
   b) ónix
   c) onicosis
   d) oniquia   _____

4. La uña está compuesta mayormente de:
   a) queratina
   b) colágeno
   c) melanina
   d) sebo   _____

5. La uña tiene entre ___ de contenido de agua.
   a) 50% y 75%
   b) 5% y 10%
   c) 30% y 50%
   d) 10% y 30%   _____

6. La porción de la piel en la que descansa la lámina ungueal es:
   a) la lúnula
   b) la lámina ungueal
   c) el lecho de la uña
      (lecho ungueal)
   d) el lecho de la matriz   _____

7. La uña se forma en:
   a) el manto
   b) la matriz o raíz de la uña
   c) el lecho de la uña
      (lecho ungueal)
   d) el hiponiquio   _____

8. La porción visible del lecho de la matriz (raíz de la uña) se denomina:
   a) manto
   b) epitelio base
   c) lúnula
   d) surco de la uña _____

9. La parte más visible y funcional de las uñas es:
   a) el hiponiquio
   b) la lámina ungueal
   c) el lecho de la matriz
   d) el borde libre _____

10. El área alrededor de la punta de los dedos de las manos y de los pies está sellada contra materiales extraños y microorganismos por:
    a) la cutícula
    b) el surco de la uña
    c) el contorno de las uñas
    d) el ligamento _____

11. La cutícula que se superpone a la lúnula es:
    a) el contorno de las uñas
    b) el manto
    c) el eponiquio
    d) el hiponiquio _____

12. A la porción de la piel por debajo del borde libre se le denomina:
    a) manto
    b) eponiquio
    c) cutícula
    d) hiponiquio _____

13. La parte de la uña que se extiende sobre la punta de la uña es:
    a) la cutícula
    b) el hiponiquio
    c) el borde libre
    d) la lúnula _____

14. El lecho de la uña y el lecho de la matriz están unidos al hueso subyacente por:
    a) el epitelio base
    b) los surcos de la uña
    c) los músculos
    d) los ligamentos _____

15. El pliegue profundo de la piel en el que se incrusta el lecho de la matriz es:
    a) el surco de la uña
    b) el manto
    c) el hiponiquio
    d) el contorno de las uñas _____

16. En un adulto, las uñas crecen a un promedio de:
    a) 0,2 cm. al mes
    b) 0,2 cm. a la semana
    c) 0,5 cm. a la semana
    d) 1,2 cm. al mes _____

17. Un estado de la uña que puede recibir una manicura es:
    a) la oniquia
    b) la onicofagia
    c) la paroniquia
    d) la onicosis
    _____

18. Las uñas son quebradizas o se parten anormalmente por:
    a) empleo excesivo de aceite
       para cutículas
    b) los padrastros
    c) el esmalte para uñas
    d) el limado descuidado
    _____

19. A las manchas blancas en las uñas se les conoce como:
    a) padrastros
    b) leuconiquia
    c) onicauxis
    d) onicotrofia (atrofia)
    _____

20. Cuando la cutícula se parte alrededor de la uña, se le conoce como:
    a) pterigión
    b) padrastros
    c) onicofagia
    d) onicorresis
    _____

21. Las uñas azules a menudo son señal de:
    a) una mala circulación
       sanguínea
    b) un padecimiento estomacal
    c) un trastorno pulmonar
    d) una infección de la uña
    _____

22. Las ondulaciones de las uñas son causadas por:
    a) limado descuidado de las uñas
    b) crecimiento desparejo
       de las uñas
    c) sequedad de la cutícula
    d) comerse las uñas
    _____

23. Al hacer la manicura a un cliente con arrugas, se puede pulir las uñas con cuidado y utilizar:
    a) crema antiséptica
    b) abrasivo duro
    c) relleno de crestas
    d) capa de imprimante
    _____

24. Los padrastros pueden ser causados por:
    a) una dieta inadecuada
    b) excesivo recorte de la cutícula
    c) una infección local
    d) daño en la base de la
       uña
    _____

25. Las uñas quebradizas son más delgadas y ___ de lo normal.
    a) menos frágiles
    b) más rígidas
    c) más flexibles
    d) más oscuras
    _____

26. La melanoniquia puede verse debajo o dentro de la superficie de la uña como una:
a) mancha morada
b) mancha amarillo verdosa
c) mancha blanca
d) banda negra
_____

27. La atrofia o deterioro de la uña se conoce como:
a) onicoptosis
b) onicotrofia (atrofia)
c) melanoniquia
d) paroniquia
_____

28. Un crecimiento anormal de la uña es conocido como:
a) atrofia
b) onicofagia
c) onicorresis
d) hipertrofia
_____

29. A la "uña plegada," trastorno que se caracteriza por el plegamiento de uno o ambos bordes de la superficie de la uña en 90 grados o más hacia los tejidos blandos de los márgenes de las uñas, también se le denomina:
a) onicauxis
b) uña involuta
c) pterigión
d) uña en forma de trompeta
_____

30. Las uñas anormalmente quebradizas con estrías son un trastorno denominado:
a) onicorresis
b) surcos
c) panadizos
d) onicofagia
_____

31. Un cliente con pterigión tendrá una o más uñas:
a) con ranuras onduladas
b) anormalmente quebradizas
c) con decoloración blanquecina
d) con crecimiento del eponiquio
_____

32. Una mayor curvatura transversal a través de la lámina ungueal es un síntoma de:
a) uñas en forma de mosaico
b) uñas quebradizas
c) uñas involutas
d) uñas en forma de trompeta
_____

33. Las decoloraciones entre la lámina ungueal y las mejoras artificiales en el cuidado de las uñas, a las que se les conocía como "moho," en realidad son causadas por:
a) hongos
b) virus
c) bacterias
d) lesiones
_____

34. No se debe hacer servicio de uñas a los clientes que tienen:
a) leuconiquia
b) hongos en las uñas
c) uñas anormalmente quebradizas
d) crecimiento del eponiquio
_____

35. El término general para los parásitos vegetales es:
    a) hongos
    b) flagelos
    c) tinea
    d) onicosis
    _____

36. Pseudomonas aeruginosa es un tipo de:
    a) virus
    b) sobrecrecimiento
    c) bacteria
    d) desprendimiento de la uña
    _____

37. El término técnico que indica cualquier enfermedad o deformidad de la uña es:
    a) onicosis
    b) ónix
    c) onicofagia
    d) onicauxis
    _____

38. La gente que trabaja con sus manos en agua o que deben lavarse las manos continuamente son propensos a:
    a) onicoptosis
    b) granuloma piogénico
    c) onicogrifosis
    d) paroniquia
    _____

39. La oniquia es una inflamación con formación de pus que afecta:
    a) el lecho de la matriz
    b) el cuerpo de la uña
    c) el borde libre
    d) las cutículas
    _____

40. El término técnico para referirse a las uñas encarnadas es:
    a) oniquia
    b) paroniquia
    c) onicocriptosis
    d) tinea
    _____

41. La onicogrifosis se ve mayormente en:
    a) el dedo medio
    b) el pulgar
    c) el dedo meñique del pie
    d) el dedo gordo del pie
    _____

42. El ablandamiento de la uña sin desprendimiento, por lo general desde el borde libre a la lúnula se denomina:
    a) onicomadesis
    b) onicogrifosis
    c) onicólisis
    d) oniquia
    _____

43. La onicomadesis, la onicoptosis y la oniquia tienen todas ellas este síntoma en común:
    a) desprendimiento de la uña
    b) ampollas en la piel
    c) sobrecrecimiento de la uña
    d) inflamación de la uña
    _____

44. El nombre común para tinea es:
    a) paroniquia
    b) tiña
    c) uñas encarnadas
    d) padrastro
    _____

45. La inflamación severa de la uña en la cual un bulto de tejido rojo crece desde el lecho ungueal hacia la lámina ungueal es conocida como:
    a) onicofagia
    b) paroniquia
    c) granuloma piogénico
    d) onicauxis
    _____

46. El término medico para el pie de atleta es:
    a) tinea unguium
    b) tinea favosa
    c) tinea capitis
    d) tinea pedis
    _____

47. La tinea unguium es comúnmente denominada:
    a) tiña del cuero cabelludo
    b) tiña de las uñas
    c) tiña en panal
    d) pie de atleta
    _____

48. Una forma común de tinea unguium se caracteriza por:
    a) placas blancas sobre la uña
    b) un bulto de tejido rojo
    c) ampollas debajo de la superficie de la uña
    d) uñas que se desprenden
    _____

49. Un dedo infectado debe ser tratado por un:
    a) instructor
    b) técnico de uñas
    c) cosmetólogo
    d) médico
    _____

50. El único servicio que se le puede prestar a un cliente con hongos de las uñas es:
    a) rellenar el nuevo crecimiento
    b) aplicar esmalte
    c) remover las uñas artificiales
    d) pulir para dar brillo
    _____

Manicura y pedicura

1. A las herramientas que se utilizan de manera permanente para brindar servicios de uñas se les denomina en general:
   - a) implementos
   - b) equipo
   - c) materiales
   - d) cosméticos para uñas _____

2. Los copos de algodón y jabón líquido utilizados en un servicio de manicura son clasificados como:
   - a) equipo
   - b) cosméticos para uñas
   - c) materiales
   - d) implementos _____

3. La lámpara ajustable de la mesa de manicura deberá tener una bombilla de __ .
   - a) 25-vatios
   - b) 40-vatios
   - c) 75-vatios
   - d) 60-vatios _____

4. Los implementos reutilizables incluyen:
   - a) repujadores de cutícula
   - b) limas de esmeril
   - c) palillos de naranjo
   - d) cubiertas de gamuza _____

5. Antes de poner los implementos utilizados en desinfectante, deben ser:
   - a) enjuagados en alcohol
   - b) limpiados con una toalla de papel
   - c) limpiados en un autoclave
   - d) lavados con agua y jabón _____

6. Las limas de esmeril se utilizan para:
   - a) dar forma al borde libre
   - b) quitar la suciedad debajo de la uña
   - c) adelgazar el borde libre
   - d) empujar las cutículas _____

7. Si se derrama sangre durante un procedimiento, el implemento deberá ser:
   - a) enjuagado con agua
   - b) desechado
   - c) limpiado y desinfectado
   - d) limpiado con algodón _____

8. Las uñas quebradizas las cutículas secas se tratan con:
   a) repujador de cutícula
   b) tiempo de remojo extendido
   c) masajes de manos
   d) manicura con aceite _____

9. Un endurecedor de uñas se aplica:
   a) después de la capa base
   b) después del esmalte de uñas
   c) después de la capa protectora
   d) antes de la capa base _____

10. A la manicura que no se practica en la zona de manicura y a menudo se brinda mientras el cliente recibe otro servicio se le denomina:
    a) manicura común
    b) manicura con aceite caliente
    c) manicura de estación
    d) manicura ambulatoria _____

11. La solución de desinfectante nueva debe prepararse:
    a) cada 2 días
    b) semanalmente
    c) 3 veces al día
    d) diariamente _____

12. Cuando se modela la uña, se le lima desde:
    a) la esquina hacia el centro
    b) de izquierda a derecha
    c) el centro hacia la esquina
    d) de esquina a esquina _____

13. Se debe quitar el esmalte de la uña con:
    a) un movimiento firme desde la punta a la base
    b) un movimiento de retorcimiento
    c) un movimiento circular
    d) un movimiento firme desde la base a la punta _____

14. Todo rastro de aceite debe ser retirado después de una manicura con aceite antes:
    a) del masaje
    b) del limado
    c) de aplicar la capa base
    d) de aplicar la capa protectora _____

15. Se puede dar un masaje de manos antes de:
    a) remojar los dedos
    b) el limado
    c) repujar las cutículas
    d) el esmalte _____

16. Una vez que se ha aplicado el esmalte, se retira el exceso con:
    a) la uña del dedo pulgar
    b) un repujador de cutícula
    c) un palillo de naranjo con punta de algodón
    d) una gasa de algodón _____

17. El esmalte de uñas se aplica:
    a) antes de la capa base
    b) sobre el sellador
    c) sobre la capa protectora
    d) sobre la capa base   _____

18. La forma ideal de uña es:
    a) en punta
    b) ovalada
    c) redonda
    d) cuadrada   _____

19. Las manchas en las uñas pueden retirarse con blanqueador de uñas o:
    a) peróxido
    b) manicura con aceite
    c) brillo para uñas en seco
    d) acetona   _____

20. Un paso adicional en la manicura es aplicar blanqueador de uñas:
    a) en la parte superior del borde libre
    b) alrededor de la cutícula
    c) debajo del borde libre
    d) sobre el lecho de la uña (lecho ungueal)   _____

21. Una capa protectora o sellador hace que el esmalte de uñas:
    a) se adhiera a la superficie de la uña
    b) seque rápidamente
    c) luzca más gruesa
    d) sea más resistente al astillado   _____

22. Si un cliente tiene pie de atleta, se recomienda:
    a) un implante medicado en el zapato
    b) una pedicura
    c) un examen del médico
    d) cambiar de medias con más frecuencia   _____

23. Si se ofrece un masaje de pierna con el pedicuro, no se debe masajear:
    a) debajo de la rodilla
    b) el costado de la tibia
    c) arriba del tobillo
    d) la tibia   _____

24. Al médico que trata enfermedades de los pies se le conoce como:
    a) oftalmólogo
    b) podiatra
    c) dermatólogo
    d) médico ortopédico   _____

25. Si se le corta accidentalmente al cliente durante una manicura, se aplicará:
    a) alcohol
    b) lápiz estíptico
    c) alumbre en polvo
    d) desinfectante   _____

26. Para mezclar el esmalte de uñas:
    a) quitar el esmalte con el pincel
    c) agitar la botella
    b) golpear la botella contra la palma de la mano
    d) girar el envase entre las palmas
    _____

27. En una manicura francesa, el borde libre de la uña se esmalta, se le da punta o se esculpe en un:
    a) color traslúcido
    c) esmalte incoloro
    b) color opaco
    d) color oscuro
    _____

28. La manicura francesa difiere de la manicura americana en que la manicura francesa utiliza __ sobre el borde libre.
    a) un rosa traslúcido
    c) un blanco más impactante
    b) un rosa pálido, opaco
    d) un blanco más discreto
    _____

29. En la manicura de hombres, las uñas a menudo se terminan con:
    a) capa base
    c) aceite para cutículas
    b) crema para manos con esencia floral
    d) esmalte seco
    _____

30. El endurecedor de uñas que utiliza fibras de queratina para reforzar la uña es:
    a) endurecedor con formaldehído
    c) endurecedor con proteínas
    b) endurecedor con queratina
    d) endurecedor de fibra de nylon
    _____

31. Una de las funciones de la capa base es prevenir que el esmalte:
    a) se adhiere a la superficie de la uña
    c) se adhiere al lecho de la uña
    b) otorgar un mayor brillo
    d) manche la superficie de la uña
    _____

32. El producto que contiene ingredientes hidratantes y se utiliza independientemente de la manicura es:
    a) acondicionador de uñas
    c) aceite para cutículas
    b) loción para manos
    d) crema para cutículas
    _____

33. El secador de uñas evita que el esmalte de uñas
    a) manche la superficie de la uña
    c) se pegotee y opaque
    b) tenga demasiado brillo
    d) Se adhiera a la superficie de la uña
    _____

34. Las dos partes en una consulta para servicio de manicura son el análisis y:
    a) rellenar el registro del cliente
    b) una colaboración de venta
    c) el propio servicio
    d) las recomendaciones _____

35. La forma de uña cuadrangular es:
    a) redonda con esquinas cuadradas
    b) cuadrada con los extremos redondeados
    c) afinada con la punta cuadrada
    d) oval con los extremos cuadrados _____

36. Una consulta para servicio de manicura tiene lugar después que:
    a) se limpia la zona de trabajo
    b) el masaje de manos
    c) se ha retirado el esmalte
    d) el cliente se lava las manos _____

37. Asegúrese de verificar con su instructor o su organismo regulador acerca de:
    a) aflojar la cutícula
    b) volver a usar limas de esmeril
    c) recortar las cutículas o padrastros
    d) usar cortaúñas _____

38. Los callos de las puntas de los dedos se pueden tratar con cremas y lociones o:
    a) recortando con cuidado con tijeras de uñas
    b) limando por completo
    c) disolviendo con químicos
    d) frotando con polvo pómez _____

39. Un implemento opcional que se utiliza para eliminar la piel seca y escamada y para suavizar los callos de los pies se denomina:
    a) escofina
    b) lima de metal
    c) lima de uñas con (recubrimiento de) diamante
    d) cucharilla _____

40. Los callos de los pies:
    a) deben dejarse
    b) requieren tratamiento médico
    c) deben eliminarse
    d) protegen la piel subyacente _____

Técnicas de uñas de avanzada

1. Después de lavar los implementos con agua tibia y jabón:
   a) guárdelos en un recipiente sellado
   b) enjuague todo el jabón
   c) séquelos completamente
   d) coloquelos en desinfectante _____

2. Durante el procedimiento de pre-servicio las superficies de trabajo deben ser rociadas con un/una:
   a) antiséptico
   b) blanqueador casero
   c) desinfectante registrado ante el EPA
   d) solución de alcohol _____

3. Las uñas postizas:
   a) son temporales con o sin recubrimiento
   b) cubren no más que la mitad de la superficie de la uña
   c) cubren toda la superficie de la uña
   d) pueden ser de seda o lino _____

4. Una sustancia que nunca deberá ser utilizada en uñas artificiales de plástico es:
   a) loción para manos
   b) aceite para cutículas
   c) quitaesmalte con acetona
   d) secador de esmalte de uñas _____

5. El procedimiento de "hacer tope, asegurar y sostener" se utiliza para aplicar:
   a) envolturas de fibra de vidrio
   b) uñas de acrílico sobre formas
   c) geles curados con luz
   d) uñas postizas _____

6. La remoción de las uñas postizas suavizadas se hace:
   a) deslizándolas fuera
   b) jalándolas fuera
   c) friccionándolas hacia afuera
   d) disolviéndolas completamente _____

7. Para proteger las uñas dañadas o frágiles del cliente se puede recomendar:
   a) manicura con aceite
   b) repujado de cutícula
   c) limado
   d) envoltura de uñas _____

8. Las envolturas de uñas que utilizan seda:
   a) rara vez se usan
   b) son muy gruesas
   c) brindan una apariencia suave, pareja
   d) tienen una trama abierta _____

9. Las envolturas de uñas que deben volver a aplicarse al retirar el esmalte son:
   a) envolturas de fibra de vidrio
   b) envolturas de seda
   c) envolturas de lino
   d) envolturas de papel _____

10. Para retirar todo aceite natural y deshidratar la uña para una mejor adhesión de las uñas postizas y envolturas de uñas, utilice un:
    a) adhesivo para uñas
    b) secador de adhesivo
    c) antiséptico para uñas
    d) imprimante _____

11. Después de colocar el material del aplique para uñas, aplicar el adhesivo en :
    a) la parte superior de la uña solamente
    b) toda la uña
    c) las cutículas
    d) el borde libre solamente _____

12. Las envolturas de textura requieren pegamento y rellenos de textura después de:
    a) 2 meses
    b) 2 semanas
    c) 4 semanas
    d) 6 semanas _____

13. Una uña postiza es muy débil y se usa sin:
    a) capa
    b) adhesivo
    c) esmalte
    d) pulido _____

14. El punto en el que la superficie de la uña se une a la uña postiza antes de ser pegada se conoce como:
    a) hendidura
    b) colocación de la uña postiza
    c) posición de colocación
    d) punto de contacto _____

15. La envoltura de uña en líquido contiene:
    a) acrílico líquido
    b) fibras pequeñas
    c) adhesivo extra
    d) proteína _____

16. Las uñas artificiales creadas mediante la combinación de un producto de acrílico líquido y un producto en polvo son:
    a) uñas de gel
    b) uñas de fibra de vidrio
    c) uñas sumergidas
    d) uñas de acrílico
    _____

17. A la sustancia compuesta de numerosas moléculas pequeñas no unidas entre sí se le conoce como un:
    a) monómero
    b) catalizador
    c) polímero
    d) imprimante
    _____

18. La sustancia que mejora la adhesión entre una uña de acrílico y la uña natural se denomina:
    a) antiséptico para uñas
    b) capa
    c) catalizador
    d) imprimante
    _____

19. Al aplicar acrílico, la primera esfera se debe colocar:
    a) a un lado de la uña
    b) en el borde libre
    c) en la base de la uña
    d) en el medio de la uña
    _____

20. La tercera esfera en la aplicación de uñas de acrílico debe ser:
    a) distribuida muy espesa cerca de la cutícula
    b) colocada justo debajo de la primera esfera
    c) humedecida en extremo
    d) más polvo que líquido
    _____

21. Los pinceles que se utilizan con el acrílico se limpian sumergiendo en:
    a) agua jabonosa
    b) un cuaternario débil
    c) alcohol
    d) quitaesmalte
    _____

22. Para ayudar a evitar la contaminación en un servicio de uña de acrílico, no tocar la uña:
    a) después que se ha eliminado el polvo y las limaduras
    b) después que la capa base ha secado
    c) después de aplicar imprimante
    d) con las manos desnudas
    _____

23. Atrapar la suciedad y __ entre las uñas esculpidas y la uña natural puede causar infección bacteriana.
    a) aceites naturales de la uña
    b) esmalte para uñas
    c) imprimante
    d) humedad
    _____

24. Las uñas de gel son uñas artificiales que se aplican:
    a) dando suaves toques y presionando hacia la superficie de la uña
    b) con el método de hacer tope, asegurar y sostener
    c) pincelando sobre la superficie de la uña
    d) pegando a la superficie de la uña   _____

25. Los geles curados con luz se endurecen cuando se exponen a:
    a) luz infrarroja
    b) luz ultravioleta o halógena
    c) luz solar
    d) luz incandescente   _____

Actividades de los salones

1. En un acuerdo de alquiler de estación (también denominado alquiler de sillón), el estilista es responsable de todo lo siguiente excepto:
   a) la clientela
   b) la contabilidad
   c) los insumos
   d) los pagos de hipoteca _____

2. El alquiler de estación (o alquiler de sillón) es diferente a la propiedad de un salón en que con el alquiler de estación:
   a) la inversión inicial es mayor
   b) uno lleva su propio seguro
   c) no se tiene que llevar registros
   d) los gastos generales son ligeramente mayores _____

3. Al elegir la ubicación del salón se deberá considerar:
   a) la competencia directa
   b) los servicios que se ofrecerán
   c) la cantidad de personal a emplear
   d) las políticas del personal _____

4. A la información sobre el volumen, ingresos promedio y hábitos de compra de la población de dicha área se le denomina:
   a) estatuto
   b) censo
   c) plan de negocios
   d) características demográficas _____

5. Antes de buscar financiamiento para abrir un salón, se debe primero desarrollar un:
   a) diagrama de colores
   b) plan de negocios
   c) estatuto
   d) folleto _____

6. Las remodelaciones en el edificio y códigos de negocio se regulan por:
   a) reglamentaciones locales
   b) leyes federales
   c) leyes estatales o provinciales
   d) el departamento de autorizaciones _____

7. El seguro social está cubierto por las:
   a) leyes locales
   b) leyes estatales o provinciales
   c) leyes federales
   d) leyes del país _____

8. Los propietarios de salones adquieren pólizas de seguros para protegerse contra:
   a) pérdidas de los empleados
   b) demandas por mala práctica
   c) pérdidas de clientes
   d) aumentos en la renta _____

9. Un salón de propiedad de accionistas y que tiene un estatuto de estado es una:
   a) sociedad de personas
   b) propiedad individual
   c) sociedad anónima
   d) copropiedad _____

10. El tipo de propiedad que somete al propietario a la más limitada pérdida personal es la:
    a) propiedad individual
    b) sociedad anónima
    c) sociedad de personas
    d) copropiedad _____

11. Si dos personas son dueñas de un salón el tipo de propiedad que comparten es una:
    a) sociedad de personas
    b) propiedad individual
    c) salón en cadena
    d) sociedad anónima _____

12. Si se arrienda un espacio para el salón, el arrendamiento deberá especificar quién es responsable por:
    a) beneficios a los empleados
    b) reparaciones
    c) impuestos a la renta
    d) publicidad _____

13. Antes de abrir un negocio, es necesario determinar cuánto capital se necesitará para operarlo durante al menos:
    a) los primeros dos años
    b) los primeros seis meses
    c) los primeros cinco años
    d) un año _____

14. Control de calidad significa que cada vez que los clientes vienen al salón ellos pueden esperar:
    a) al mismo estilista
    b) habituales elevados estándares
    c) que se use el mismo producto
    d) un corte de cabello diferente

    _____

15. Los recibos por los servicios y ventas a menudo se clasifican como:
    a) ingresos
    b) registros del cliente
    c) gastos
    d) erogación

    _____

16. Para un salón promedio, la utilidad neta es de un __ del total del ingreso bruto.
    a) 85 por ciento
    b) 25 por ciento
    c) 50 por ciento
    d) 15 por ciento

    _____

17. La información sobre qué productos se están vendiendo bien y cuáles no se puede ver en:
    a) registros de inventario
    b) el libro de caja chica
    c) registros de consumo
    d) registros de servicios

    _____

18. Las compras importantes de suministros se pueden hacer:
    a) cuando se les necesite
    b) cuando los proveedores ofrecen precios especiales
    c) después de impuestos
    d) antes de archivar los impuestos a la renta

    _____

19. Para un servicio satisfactorio al cliente, es esencial que el salón tenga buena instalación de cañerías y:
    a) transporte público
    b) espacio de oficina
    c) facilidades de parqueo
    d) iluminación

    _____

20. Los lineamientos que requieren que los ingredientes de las preparaciones cosméticas sean exhibidas de manera perceptible para los clientes son publicados por:
    a) las juntas estatales o provinciales
    b) el Departamento de educación
    c) OSHA
    d) el EPA

    _____

21. La mejor forma de publicidad es:
    a) un aviso de neón
    b) los clientes satisfechos
    c) un anuncio en el periódico
    d) exhibiciones en vidriera

    _____

22. Se logra un contacto más cercano con clientes potenciales utilizando:
    a) publicidad por correo directo
    b) publicidad en periódicos
    c) publicidad en radio
    d) publicidad en las páginas amarillas

    _____

23. El mayor rubro de gastos al operar un salón es:
    a) suministros
    b) alquiler
    c) sueldos
    d) publicidad

    _____

24. El "quarterback" del salón es:
    a) un estilista nuevo
    b) el recepcionista
    c) la persona del lavado con champú
    d) el gerente

    _____

25. Un reflejo certero de lo que está ocurriendo en el salón en un momento dado se puede ver en:
    a) una devolución de impuesto a la renta
    b) su plan de negocios
    c) los registros anuales
    d) el libro de citas

    _____

26. Las licencias del salón e individuales están cubiertas por las:
    a) leyes estatales o provinciales
    b) leyes federales
    c) leyes locales
    d) leyes del país

    _____

27. Cuando se reservan citas por teléfono en el salón, se debe:
    a) dar la mayor cantidad de clientes a un estilista establecido
    b) estar familiarizado con todos los servicios y productos
    c) dar la mayor cantidad de clientes a un estilista nuevo
    d) usar un lápiz en caso de cancelaciones

    _____

28. Al escuchar la queja de un cliente, es importante evitar:
    a) interrumpirle
    b) disculparse
    c) ser comprensivo
    d) ofrecer servicio gratis

    _____

29. Los registros del cliente deben mantenerse:
    a) en el botiquín
    b) en la oficina
    c) en su estación de trabajo
    d) en una ubicación central

    _____

30. El porcentaje aproximado del presupuesto que se gasta en los sueldos es:
    a) 25   c) 50
    b) 75   d) 35   _____

31. Los productos que se venden a los clientes son:
    a) los insumos de consumo   c) suministros al por mayor
    b) suministros en stock   d) insumos minoristas   _____

32. Las leyes de impuestos locales, estatales o de provincia y federales requieren que un negocio mantenga:
    a) un presupuesto de publicidad   c) una zona de parqueo
    b) registros de negocios   d) un código de vestimenta
       adecuados   para empleados   _____

33. Para mantener un control exacto y eficiente de los insumos, es necesario tener un organizado:
    a) registro de servicios   c) sistema de inventario
    b) sistema de seguridad   d) sistema de compras   _____

34. Los insumos del salón que se utilizan en el trabajo diario se denominan:
    a) insumos minoristas   c) inventario
    b) suministros al por mayor   d) los insumos de consumo _____

35. Los libros de pago de planilla y los cheques cancelados se deben guardar por:
    a) siete meses   c) 10 años
    b) siete años   d) un año   _____

36. En la asignación de fondos, la prioridad máxima siempre deberá ser pagar:
    a) proveedores   c) empleados
    b) seguro   d) alquiler   _____

37. Las pautas para llegar a ser un buen gerente incluyen:
    a) compartir información   c) postergar la información
    b) permitir a los empleados   d) dudar de las
       que aprendan por su cuenta   intenciones de los
                                      empleados   _____

38. La publicidad se debe concentrar en torno a:
    a) un cronograma personal   c) cronogramas del periódico
    b) los feriados   d) períodos lentos   _____

39. En general, el presupuesto de publicidad no debe ser mayor que el __ del ingreso total bruto.
    a) 3 por ciento
    b) 1 por ciento
    c) 10 por ciento
    d) 5 por ciento _____

40. Un punto importante a tener en cuenta en la venta minorista es recomendar a los clientes:
    a) lo que es mejor para uno
    b) los productos más caros
    c) todo en una línea de producto
    d) lo que más les interesa _____

Búsqueda de empleo

1. La motivación, energía y persistencia distinguen a:
   - a) los seguidores
   - b) la gente sin ambición
   - c) la gente exitosa
   - d) los demasiado ambiciosos _____

2. Antes de poder lograr un empleo en el campo de la cosmetología, se debe:
   - a) comprar un nuevo guardarropa
   - b) aprobar un examen de certificación
   - c) trabajar gratis
   - d) planificar toda la carrera _____

3. Una persona experta en exámenes se prepara practicando buenos hábitos de estudio, que incluyen:
   - a) tomar notas
   - b) estudiar cuando se pueda
   - c) repasar la noche anterior
   - d) revisar el material superficialmente _____

4. Al dar una prueba, una estrategia útil es:
   - a) trabajar una pregunta hasta completarla
   - b) repasar la noche anterior
   - c) revisar antes toda la prueba antes de comenzar
   - d) trabajar muy rápido _____

5. El razonamiento deductivo es el proceso de:
   - a) llegar a conclusiones lógicas
   - b) adivinar la respuesta
   - c) confiar en la intuición
   - d) memorizar las respuestas correctas _____

6. El factor más importante al prepararse con éxito para un examen es:
   - a) revisar pruebas anteriores
   - b) prepararse mentalmente
   - c) conocer el material a fondo
   - d) tomar apuntes para estar listo _____

7. Al realizar un examen de verdadero/falso, hay que recordar:
   a) los absolutos generalmente son verdaderos
   b) buscar las palabras competentes
   c) delinear primero las respuestas
   d) elegir las respuestas cortas   _____

8. Cuando se da una prueba con respuestas múltiples
   a) responder solo si se está seguro
   b) dejar de leer la respuesta correcta
   c) leer las preguntas y las respuestas cuidadosamente
   d) evitar "todas las anteriores"   _____

9. A fin de estar preparado para la parte práctica del examen de certificación:
   a) limpiar los implementos en el sitio del examen
   b) observar qué hacen los otros que toman la prueba
   c) seguir las instrucciones relajadamente
   d) hacer un examen de prueba   _____

10. La buena disposición de trabajar duro es el ingrediente clave para el éxito, y luego en el sitio de trabajo:
    a) otros se relajarán
    b) el ímpetu de uno será recompensado
    c) uno estará que quema
    d) la gente tomará ventaja de uno   _____

11. Las características personales que le ayudarán a obtener el puesto deseado incluyen todas las siguientes excepto:
    a) motivación
    b) integridad
    c) entusiasmo
    d) autoimportancia   _____

12. Un salón pequeño e independiente suele ser de y estar administrado por:
    a) estilista
    b) dueño de una franquicia
    c) una cadena
    d) sindicato de propietarios   _____

13. Una serie de diez o menos salones de propiedad de uno o dos individuos es considerada:
    a) pequeño salón independiente
    b) salón con franquicia
    c) cadena de salones independiente
    d) operación básica de relación calidad-precio   _____

14. Al resumen escrito de la educación y experiencia de trabajo se le denomina:
    a) resumen
    b) currículum vitae
    c) extracto
    d) hoja de datos
    _____

15. Un lineamiento importante al crear un resumen es:
    a) mantenerlo simple y breve
    b) enumerar toda la educación y experiencia de trabajo
    c) hacerlo muy detallado
    d) usar papel brillante de color
    _____

16. La mejor manera de escribir las declaraciones de los logros en el currículum que se enfoque en los éxitos alcanzados es:
    a) detallar responsabilidades y anteriores
    b) usar números y porcentajes
    c) mencionar pasatiempos asociaciones
    d) declarar la historia de ingresos
    _____

17. Lo que se debe hacer al escribir el currículum incluye todas las siguientes *excepto*:
    a) enfatizar las destrezas transferibles
    b) conocer al público receptor
    c) hacerlo fácil de leer
    d) adjuntar una foto
    _____

18. A la colección de fotos y documentos que reflejan las habilidades, logros y capacidades se le denomina:
    a) portafolio
    b) diploma
    c) maletín
    d) currículum vitae
    _____

19. Cuando se busca el primer trabajo, es aconsejable:
    a) ir por el trabajo perfecto
    b) esperar a tener un diploma
    c) tomar cualquier empleo que se presente
    d) empezar antes de graduarse
    _____

20. Visitar el salón, como parte del sistema de relaciones permite:
    a) criticar las operaciones
    b) observar las operaciones
    c) conseguir una oferta de trabajo
    d) conseguir un servicio gratis
    _____

21. Cuando se está listo para la entrevista de trabajo, el primer paso al contactar los salones en los que se está interesado es:
    a) hacer una visita de sorpresa
    b) hacer una llamada telefónica
    c) enviar un currículum y una carta de presentación
    d) esperar a oír de ellos
    _____

22. Una parte importante al ir a una entrevista es:
    a) vestir presentable
    b) tomar tranquilizantes
    c) llevar bolso y
       maletín de mano
    d) llevar material de apoyo   _____

23. Un punto importante de comportamiento que recordar
    en la entrevista de trabajo es :
    a) ser puntual
    b) permanecer serio
    c) proyectar una actitud
       informal
    d) fumar en la zona
       de fumar   _____

24. Durante una entrevista de trabajo hay algunas preguntas
    que no son legales, como:
    a) educación y antecedentes
    b) fecha de nacimiento
    c) uso de drogas
    d) historial de empleos   _____

25. Se puede aprovechar el "tiempo muerto" entre las citas en
    un salón al:
    a) leer publicaciones de
       la industria
    b) chismear con el estilista
       que está trabajando
    c) relajarse en su estación
       de trabajo
    d) criticar a los compañeros
       de trabajo   _____

En el empleo

1. Para tener éxito, es importante aceptar un puesto
   en un salón que:
   a) espera lo mínimo de uno
   b) paga el sueldo más alto
   c) hace la primera oferta
   d) se adapta a su estilo personal
   _____

2. Si se tiene un compromiso en ciertas horas o días de la
   semana que puede interferir con el programa de trabajo,
   la mejor estrategia en la entrevista es:
   a) discutirlo francamente
   b) esperar que eso no interfiera
   c) esperar que los compañeros de trabajo cubran
   d) tratar el asunto después
   _____

3. Un empleo a nivel de iniciante para un recién graduado es:
   a) recepcionista
   b) gerente
   c) asistente
   d) especialista en servicios de colores
   _____

4. En el campo de la cosmetología orientada a servicios, un
   lineamiento útil es:
   a) salir si los problemas aparecen
   b) ser terapista y asesor
   c) ponerse uno primero
   d) poner a los demás en primer lugar
   _____

5. Trabajar en un salón requiere que se practique las destrezas
   del trato con la gente, incluyendo todas las siguientes *excepto*:
   a) resuelva problemas
   b) sea amigo de todos
   c) sea leal
   d) ser siempre positivo
   _____

6. Al tomar un trabajo, se espera que uno realice ciertas obligaciones y responsabilidades, las que se describen en un / una:
   a) descripción del puesto
   b) manual de entrenamiento
   c) contrato legal
   d) conversación con el gerente

   _____

7. En un puesto inicial, la mejor manera de ser retribuido es:
   a) bajo la mesa
   b) las comisiones
   c) solo propinas
   d) salario

   _____

8. Una forma de compensación es la comisión, que representa:
   a) las propinas
   b) un porcentaje de las ventas
   c) un salario por hora
   d) salario más porcentaje

   _____

9. Las propinas son ingresos adicionales al salario normal y:
   a) son sujetas a impuesto al 50%
   b) no son gravables
   c) deben ser informadas como ingreso
   d) son declaradas pero no son gravables

   _____

10. Las evaluaciones, que por lo general se programan después de 90 días para los nuevos empleados tienen la intención de proporcionar:
    a) respuesta sobre el desempeño
    b) críticas negativas
    c) promociones
    d) aumentos

    _____

11. Identificar a un modelo que tiene el éxito que uno desea tener:
    a) bota por fuera la individualidad
    b) es competencia desleal
    c) es imitación
    d) ayuda a mejorar el desempeño

    _____

12. El proceso de aprender cómo manejar el dinero de manera constructiva es conocido como:
    a) frugalidad
    b) manejar la deuda
    c) planificación financiera
    d) obtener crédito

    _____

13. Cuando se obtiene dinero prestado, es irresponsable e inmaduro:
    a) atrasarse en el pago
    b) invertirlo
    c) utilizarlo en lujos
    d) pagarlo
    _____

14. Presupuestar es una manera de:
    a) ahorrar dinero
    b) invertir
    c) calcular los ingresos y gastos
    d) restringir los gastos
    _____

15. Realizar un seguimiento del destino del dinero ayuda a saber que:
    a) uno es tacaño
    b) se limitan los gastos
    c) nunca se tienen sorpresas
    d) siempre se tiene suficiente
    _____

16. Cuando no resulta pedir un aumento o mayor comisión se puede aumentar los ingresos:
    a) tomando dinero de la caja
    b) jugando a la lotería
    c) gastando menos
    d) tomando los clientes de otros
    _____

17. el mejoramiento de ticket u ofrecimiento de servicios adicionales es la práctica de:
    a) cobrar por servicios no solicitados
    b) los sobreprecios
    c) sacar ventaja del cliente
    d) recomendar servicios adicionales
    _____

18. La venta minorista consiste en:
    a) recomendar servicios adicionales
    b) falsear productos
    c) recomendar y vender los productos
    d) venderse a Ud. mismo
    _____

19. Para tener éxito en ventas se necesita ambición, determinación, y:
    a) arrojo
    b) falta de sinceridad
    c) agresividad
    d) una buena personalidad
    _____

20. Los principios de las ventas exitosas incluyen todos los siguientes excepto:
    a) conocer los productos
    b) demostrar el uso si se puede
    c) siempre utilizar un enfoque de venta suave
    d) nunca describir falsamente el producto _____

21. Cuando se vende productos al menudeo a los clientes, se debe poner en práctica todos los siguientes excepto:
    a) preguntar qué productos usan
    b) decirles lo que necesitan
    c) describir los beneficios de un producto
    d) mencionar cualquier venta _____

22. Para construir una carrera exitosa en cosmetología, es muy importante crear una base de clientes, que consiste en:
    a) clientes de una sola vez
    b) clientes que pasan por el local
    c) clientes por primera vez
    d) clientes fijos _____

23. Un punto importante a tener en cuenta al crear la base de clientes es:
    a) ser siempre positivo
    b) dar prisa a los clientes por su servicio
    c) desarrollar relaciones personales íntimas
    d) recomendar todos los productos _____

24. Una técnica de marketing barata y fácil que puede ayudar a crear la base de clientes es:
    a) de boca en boca
    b) tarjetas de presentación
    c) globos publicitarios
    d) volantes en el periódico _____

25. El mejor momento para hacer que su cliente regrese para la próxima cita es:
    a) dos semanas antes que venza su tiempo de volver
    b) una semana antes que venza su tiempo de volver
    c) mientras aún está en la silla
    d) cuando necesite nuevos servicios _____

CLAVE DE RESPUESTAS

HISTORIA DE LA COSMETOLOGÍA

1. A	6. B	11. D	16. D	21. D
2. A	7. A	12. C	17. B	22. B
3. D	8. B	13. B	18. A	23. B
4. D	9. B	14. B	19. D	24. B
5. A	10. A	15. B	20. A	25. A

DESTREZAS VITALES

1. A	6. A	11. A	16. A	21. B
2. D	7. B	12. D	17. D	22. C
3. B	8. C	13. B	18. B	23. C
4. C	9. A	14. B	19. B	24. C
5. A	10. D	15. C	20. D	25. A

SU IMAGEN PROFESIONAL

1. C	6. C	11. D	16. D	21. B
2. D	7. A	12. D	17. B	22. B
3. D	8. B	13. A	18. C	23. B
4. B	9. B	14. A	19. A	24. B
5. C	10. A	15. A	20. A	25. B

LA COMUNICACIÓN COMO VÍA AL ÉXITO

1. C	6. D	11. C	16. D	21. A
2. B	7. C	12. B	17. C	22. D
3. A	8. C	13. D	18. A	23. C
4. B	9. C	14. A	19. A	24. B
5. C	10. B	15. D	20. A	25. A

CONTROL DE INFECCIÓN: PRINCIPIOS Y PRÁCTICA

1. C	14. A	27. C	40. D	53. A
2. B	15. B	28. A	41. B	54. D
3. D	16. C	29. A	42. C	55. A
4. C	17. B	30. B	43. C	56. B
5. A	18. D	31. A	44. A	57. C
6. B	19. D	32. C	45. D	58. A
7. B	20. A	33. C	46. A	59. B
8. D	21. D	34. C	47. C	60. D
9. A	22. C	35. A	48. B	61. C
10. A	23. C	36. D	49. D	62. D
11. D	24. D	37. A	50. A	63. C
12. B	25. C	38. B	51. B	64. B
13. B	26. C	39. D	52. A	65. D

ANATOMÍA Y FISIOLOGÍA

1. A	16. D	31. B	46. D	61. B
2. D	17. C	32. B	47. A	62. C
3. A	18. B	33. C	48. A	63. C
4. C	19. D	34. C	49. A	64. B
5. A	20. C	35. D	50. B	65. B
6. B	21. B	36. C	51. C	66. B
7. A	22. B	37. B	52. B	67. C
8. B	23. A	38. A	53. B	68. B
9. A	24. C	39. A	54. D	69. D
10. D	25. B	40. D	55. D	70. B
11. A	26. D	41. B	56. B	71. A
12. C	27. C	42. A	57. C	72. A
13. A	28. C	43. D	58. B	73. C
14. A	29. A	44. B	59. B	74. D
15. D	30. D	45. D	60. B	75. C

CONCEPTOS BÁSICOS DE QUÍMICA Y ELECTRICIDAD

1. A	11. A	21. B	31. A	41. C
2. A	12. D	22. A	32. A	42. C
3. A	13. B	23. D	33. A	43. C
4. C	14. A	24. C	34. C	44. C
5. A	15. D	25. B	35. A	45. A
6. A	16. C	26. A	36. B	46. B
7. A	17. B	27. C	37. B	47. A
8. C	18. C	28. D	38. C	48. A
9. A	19. C	29. A	39. C	49. C
10. B	20. C	30. B	40. D	50. B

PROPIEDADES DEL CABELLO Y CUERO CABELLUDO

1. C	19. A	37. A	55. A	73. B
2. A	20. A	38. C	56. B	74. D
3. D	21. C	39. B	57. C	75. A
4. C	22. D	40. C	58. C	76. D
5. D	23. D	41. C	59. A	77. D
6. B	24. C	42. C	60. D	78. C
7. D	25. C	43. B	61. B	79. D
8. C	26. B	44. D	62. B	80. B
9. D	27. D	45. A	63. A	81. B
10. C	28. C	46. B	64. B	82. A
11. D	29. A	47. D	65 D	83. B
12. D	30. A	48. A	66. D	84. B
13. C	31. D	49. C	67. A	85. B
14. B	32. C	50. A	68. B	86. B
15. D	33. D	51. B	69. C	87. C
16. B	34. A	52. C	70. C	88. C
17. C	35. B	53. D	71. C	89. D
18. D	36. A	54. B	72. C	90. A

PRINCIPIOS DEL DISEÑO DE PEINADOS

1. C	9. B	17. B	25. D	33. B
2. A	10. A	18. D	26. C	34. A
3. B	11. D	19. D	27. D	35. A
4. B	12. C	20. C	28. D	36. B
5. B	13. D	21. A	29. A	37. D
6. D	14. A	22. B	30. D	38. D
7. B	15. B	23. A	31. A	39. D
8. A	16. C	24. A	32. D	40. A

LAVADO CON SHAMPOO, ENJUAGUE Y ACONDICIONAMIENTO

1. D	13. D	25. A	37. B	49. A
2. D	14. D	26. A	38. D	50. C
3. D	15. B	27. C	39. B	51. C
4. C	16. D	28. B	40. B	52. C
5. A	17. B	29. C	41. C	53. A
6. D	18. B	30. A	42. A	54. D
7. B	19. D	31. D	43. B	55. D
8. A	20. B	32. B	44. A	56. B
9. A	21. A	33. D	45. D	57. A
10. A	22. B	34. D	46. A	58. A
11. D	23. A	35. A	47. C	59. C
12. D	24. A	36. B	48. C	60. D

CORTE DE CABELLO

1. A	16. D	31. A	46. C	61. B
2. A	17. A	32. A	47. A	62. C
3. C	18. D	33. D	48. C	63. B
4. B	19. C	34. D	49. C	64. B
5. B	20. D	35. A	50. C	65. C
6. B	21. D	36. C	51. A	66. B
7. D	22. A	37. C	52. B	67. C
8. A	23. A	38. B	53. A	68. A
9. C	24. A	39. D	54. D	69. C
10. D	25. B	40. D	55. D	70. C
11. D	26. A	41. A	56. D	71. C
12. D	27. B	42. A	57. A	72. D
13. C	28. B	43. C	58. A	73. C
14. A	29. D	44. D	59. A	74. A
15. D	30. C	45. D	60. B	75. B

PELUQUERÍA

1. A	21. B	41. B	61. D	81. C
2. C	22. C	42. C	62. B	82. D
3. D	23. A	43. A	63. A	83. A
4. B	24. B	44. C	64. B	84. B
5. A	25. C	45. A	65. D	85. C
6. D	26. D	46. C	66. B	86. D
7. A	27. B	47. D	67. C	87. A
8. C	28. D	48. C	68. D	88. B
9. D	29. C	49. A	69. C	89. A
10. C	30. D	50. B	70. B	90. C
11. A	31. B	51. D	71. C	91. B
12. B	32. A	52. B	72. A	92. A
13. C	33. D	53. C	73. B	93. C
14. D	34. B	54. D	74. A	94. B
15. C	35. D	55. B	75. D	95. C
16. D	36. C	56. D	76. A	96. D
17. B	37. A	57. A	77. C	97. B
18. A	38. D	58. D	78. A	98. A
19. D	39. C	59. A	79. D	99. D
20. C	40. A	60. B	80. B	100. B

TRENZAS Y EXTENSIONES TRENZADAS

1. A	5. B	9. A	13. D	17. C
2. C	6. D	10. C	14. B	18. B
3. D	7. B	11. D	15. D	19. D
4. A	8. C	12. A	16. A	20. C

PELUCAS Y APLIQUES PARA EL CABELLO

1. A	7. D	13. B	19. C	25. C
2. D	8. A	14. A	20. D	26. A
3. B	9. C	15. C	21. C	27. B
4. D	10. B	16. B	22. A	28. D
5. B	11. A	17. D	23. D	29. A
6. A	12. C	18. B	24. A	30. C

SERVICIOS DE TEXTURA QUÍMICA

1. B	20. A	39. C	58. B	77. C
2. C	21. D	40. A	59. D	78. A
3. D	22. A	41. D	60. A	79. B
4. A	23. D	42. C	61. D	80. C
5. B	24. B	43. D	62. C	81. D
6. C	25. C	44. B	63. D	82. B
7. D	26. D	45. C	64. C	83. A
8. B	27. A	46. B	65. D	84. D
9. C	28. D	47. A	66. B	85. C
10. D	29. B	48. D	67. A	86. A
11. B	30. C	49. A	68. D	87. C
12. C	31. D	50. D	69. C	88. A
13. A	32. A	51. A	70. B	89. B
14. B	33. C	52. C	71. D	90. A
15. A	34. D	53. D	72. C	91. B
16. D	35. A	54. B	73. B	92. D
17. B	36. B	55. C	74. D	93. A
18. D	37. A	56. A	75. A	94. D
19. C	38. D	57. A	76. D	95. B

COLORACIÓN DEL CABELLO

1. D	20. D	39. B	58. A	77. B
2. B	21. C	40. D	59. C	78. D
3. D	22. A	41. B	60. D	79. B
4. A	23. D	42. C	61. B	80. A
5. C	24. C	43. A	62. D	81. C
6. B	25. D	44. D	63. A	82. D
7. A	26. A	45. C	64. D	83. B
8. D	27. D	46. B	65. C	84. A
9. B	28. A	47. C	66. B	85. D
10. A	29. B	48. B	67. A	86. B
11. D	30. C	49. C	68. D	87. A
12. C	31. B	50. D	69. B	88. C
13. A	32. A	51. C	70. A	89. A
14. C	33. D	52. D	71. B	90. B
15. B	34. B	53. C	72. D	91. A
16. A	35. D	54. A	73. C	
17. D	36. C	55. B	74. B	
18. C	37. D	56. C	75. C	
19. B	38. C	57. D	76. A	

HISTOLOGÍA DE LA PIEL

1. B	17. B	33. B	49. B	65. B
2. C	18. D	34. C	50. A	66. A
3. A	19. C	35. D	51. C	67. B
4. B	20. A	36. A	52. A	68. D
5. D	21. C	37. B	53. B	69. A
6. B	22. D	38. D	54. C	70. B
7. A	23. A	39. C	55. B	71. C
8. D	24. C	40. D	56. A	72. B
9. B	25. D	41. B	57. C	73. A
10. D	26. C	42. C	58. C	74. C
11. B	27. B	43. A	59. A	75. A
12. C	28. C	44. D	60. D	76. C
13. B	29. A	45. A	61. B	77. D
14. C	30. B	46. C	62. D	78. A
15. D	31. A	47. B	63. A	79. C
16. A	32. C	48. C	64. D	80. A

DEPILACIÓN

1. C	6. D	11. B	16. D	21. C
2. B	7. A	12. D	17. C	22. A
3. D	8. D	13. C	18. A	23. B
4. B	9. A	14. D	19. B	24. A
5. A	10. C	15. B	20. A	

FACIALES

1. D	15. B	29. C	43. B	57. C
2. A	16. C	30. B	44. C	58. B
3. C	17. D	31. D	45. D	59. D
4. D	18. C	32. B	46. A	60. C
5. B	19. D	33. A	47. C	61. B
6. D	20. B	34. D	48. A	62. A
7. B	21. C	35. B	49. C	63. B
8. D	22. D	36. A	50. B	64. A
9. B	23. C	37. C	51. C	65. B
10. D	24. A	38. A	52. A	66. C
11. C	25. C	39. B	53. D	67. D
12. B	26. D	40. C	54. B	68. C
13. C	27. C	41. A	55. A	69. A
14. A	28. A	42. C	56. B	70. D

MAQUILLAJE FACIAL

1. A	7. D	13. B	19. A	25. D
2. C	8. C	14. A	20. C	26. A
3. B	9. A	15. C	21. B	27. C
4. A	10. C	16. A	22. D	28. A
5. D	11. B	17. B	23. B	29. D
6. A	12. C	18. C	24. A	30. B

ESTRUCTURA Y CRECIMIENTO DE LAS UÑAS

1. C	11. C	21. A	31. D	41. D
2. A	12. D	22. B	32. A	42. C
3. B	13. C	23. C	33. C	43. A
4. A	14. D	24. B	34. B	44. B
5. D	15. B	25. C	35. A	45. C
6. C	16. A	26. D	36. C	46. D
7. B	17. B	27. B	37. A	47. B
8. C	18. D	28. D	38. D	48. A
9. B	19. B	29. B	39. A	49. D
10. A	20. B	30. A	40. C	50. C

MANICURA Y PEDICURA

1. B	9. D	17. D	25. C	33. C
2. C	10. C	18. B	26. D	34. D
3. B	11. D	19. A	27. B	35. B
4. A	12. A	20. C	28. C	36. D
5. D	13. D	21. D	29. D	37. C
6. A	14. C	22. C	30. A	38. D
7. C	15. D	23. D	31. D	39. A
8. D	16. C	24. B	32. A	40. D

TÉCNICAS DE UÑAS DE AVANZADA

1. B	6. A	11. B	16. D	21. D
2. C	7. D	12. C	17. A	22. C
3. B	8. C	13. A	18. D	23. D
4. C	9. D	14. C	19. B	24. C
5. D	10. C	15. B	20. C	25. B

ACTIVIDADES DE LOS SALONES

1. D	9. C	17. A	25. D	33. C
2. B	10. B	18. B	26. A	34. D
3. A	11. A	19. D	27. B	35. B
4. D	12. B	20. C	28. A	36. C
5. B	13. A	21. B	29. D	37. A
6. A	14. B	22. A	30. C	38. D
7. C	15. A	23. C	31. D	39. A
8. B	16. D	24. B	32. B	40. D

BÚSQUEDA DE EMPLEO

1. C	6. C	11. D	16. B	21. C
2. B	7. B	12. A	17. D	22. D
3. A	8. C	13. C	18. A	23. A
4. C	9. D	14. B	19. D	24. B
5. A	10. B	15. A	20. B	25. A

EN EL EMPLEO

1. D	6. A	11. D	16. C	21. B
2. A	7. D	12. C	17. D	22. D
3. C	8. B	13. A	18. C	23. A
4. D	9. C	14. C	19. D	24. B
5. B	10. A	15. D	20. C	25. C